U0112058

大展好書 好書大展

社會人智囊

44

多湖輝的
構想工作室

多湖輝／著

沈永嘉／譯

大展出版社有限公司

目　錄

序　章　異質頭腦的匯集產生新方法、新軸心

第一章　「構想工作室」的原料到處均有

第二章 到處都可形成「構想工作室」

第三章 在「構想工作室」中什麼事都會做

第四章　在「構想工作室」中構想的生產方式

第五章　「構想工作室」的作業規則

序章

異質頭腦的匯集產生新方法、新軸心

截至目前為止我的作品均是「構想工作室」的產品

自從一九六〇年我出版了第一本書以來，悠悠三十餘年了，在其中我從事於著作、演講、心理顧問等等各類型的工作，最近我回顧朔往，感慨殊深。

我既非天才，也不是什麼大人物，但為什麼我的工作能得到社會上普遍性的相當肯定呢？原來仔細思考才意外發現其中隱藏著重要的原因。只是像我如此普通平凡的人也都能做得到，所以這並不是自我誇耀或謙遜之辭，我認為我的「智慧生產方式」應該可資未來的企業家、上班族、及一般人士參考。

先說結論，首先是包括連我本身在內也從沒有預料過會成為暢銷書的『頭腦體操』、『企畫力』、『心理技巧』、『聯考用功術』、『銀髮六十樂逍遙』、『動了再說』……等各書，以及我幫助各公司的專任企劃，和向政府、地方自治團體、各種民間團體及教育界等提出整套的研究報告或建議等，幾乎這所有的工作，並非靠我一個人的頭腦獨力完成的，而是眾多人及異質頭腦若隱若現地參與而成的。

的確，在那些工作的頭銜上有我的名字，此意味著是筆者、作者、主持人、負責人等等涵意。但在我的意識之中，我常強烈地認知到這是我與他們共同完成的工作。

這件事情當然並不是從今天才開始的，也不是只有我如此，但時至於，今以此問題有意識的回朔過往，尤其是我最近的工作方式就可以斷言，每一件的知性計劃都是由擁有各種專門特殊技藝的人士或不同的世代、性別、地域的人們按照其必須性帶著資訊匯集一堂，有時是在固定的時間、空間中交換資訊、意見或持續不斷地反覆討論，然後下結論。

或是超越了時空，並非真實面對面的際會，也就是透過國際網路，記錄媒體而交換資訊，共同完成一件工作，這種情況也不在少數。

像上述的這種工作方式，顯然與傳統的智慧勞動模式劃清界線，在過去的智慧生產方式的主流中，是一個人獨自關在書房、畫室、播音室、研究室之中，深深地埋首於自己的世界領域裡。而的確也從那產生了屬於那個人獨特風格的作品來，這樣的個案不勝枚舉。無論古今中外，眾多的發明故事均屬於此類。

而且這類智慧生產者還都會說：「智慧產物有別於電鍋、吸塵器。所以智慧生產工作室當然不同於眾人聚集在一起製造貨品的工廠一樣。」

但依此邏輯推演下去，我所採用的方法寧可說是接近於工廠的形式，即「眾人聚集在一起生產貨品」。而如果「工廠」給人的印象是擁有一百人、二百人如此大規模的話，那麼對於我的地方而言，嚴格地說只是一間小而巧的「工作室」而已。截至目前為止，我的智慧生產工作室就是擁有各種資訊，各種人士聚集一堂，自由交換資訊，而產生出新構想來，並非傳統模式的「構想工作室」。

為了要進一步推廣這種想法，所以我把以前的個人事務所登記為財團法人多湖輝研究所，並在二年前把辦公室搬到東京都都心部（中心區）的「愛宕」去，真正是名副其實。因為「愛宕」的發音與我的名字「A・TAGO」諧音，且在此設立了「構想工作室」，也因為這二年以來業績還不錯，正著手計劃要再設一個多功能的「構想廣場」(forum)。

「構想工作室」的方式跟以前的構想有何不同

聚集到「構想工作室」的人，來自於不同方向，並且帶來各種資訊的原料，然後把這些原料投入擁有各種機能的專門部門及特殊技藝的個別頭腦的這部機械之中。被投入的原料在各人的智慧與腦力相互激盪之下，在這個工作室之中多方攪拌，加以分解、不斷壓縮、再行輾壓，如此這般對此原料進行加工手續，然後形成煥然一新的新產品，即是「新構想」的誕生。

而且這個「構想工作室」是沒有固定的空間，像以前提過的超越時空在今日已出現，也就是說不管任何場所，隨時隨地均可建立起「構想工作室」。

舉一個簡單的例子，我在輕井澤、熱海、箱根、御宿擁有四棟別墅、山莊，但我從來沒有獨自去使用過，我必定是邀請某些人一同前往，一面聚餐玩耍，一面熱烈談論，直到深夜方休，可見這些地方也成為不期而遇的「構想工作室」。

我和新力公司的創辦人井深大先生，我的同學山種證券的前董事長山崎富治先生，在美國長大的醫學博士本田正明先生，及已故朋友曾任朝日新聞社的宮本敏行先生，在經過一番熱烈爭論而組成「日本詼諧協會」，而在開過中規中矩的聚會之後，必定會再召開這個「構想工作室」，一連產生了許多意想天開，不管是否能實現的構想。且意外地在此「構想工作室」裡進行著構想的訓練，以站在工作室的立場而言，接二連三的推出屬於實驗品性質的構想。

只要能如此，在各種場所建立「構想工作室」，照樣有利於實質智慧的匯集。如果反覆選在同一地點、時間的話，難免會缺乏新刺激。可是只要到各地的「構想工作室」，即使沒有刻意替換成員或費心地去變化會場的布置，但此「構想工作室」無論在人或景觀的方面，甚至連講話的內容都會有所轉變。

回顧過去，我之所以未屆退休年齡即自服務的大學提早退休，主要是因為不願意侷限在大學這個有限的地方，而想要在各種場所自由的擁有「構想工作室」所致。就像是一家傑出的公司，分別於各處擁有機能、性質不同的工廠一樣，為了生產智慧在各地儘量多建立「構想工作室」，才是理想的方法。

曾幾何時，我也善加利用在當公司顧問或應邀參加的演講，做為「構想工作室」。例如：在我擔任某一家公司的顧問時，凡是提到某一主題，我大多是不肯直接說出答案，而主辦人為了設法以我身上引出答案，就會提出許多資訊、意見、構想並予以分析，這麼一來等於有了答案，我不過是綜合歸納，把構想加以整理而已。也因為這樣的方式，那家公司才能累積出員工們自行解決問題的「Know How」這種一石二鳥的效果，同時我和主持人們意外地也建立了「構想工作室」。

如此想來，到目前為止，以前的智慧生產活動，不管參加的成員有沒有意識到，幾乎都可以說是以「構想工作室」的方式而進行的，甚至進一步地說在今後的時代裡，對於「構想工作室」的需求，將會不斷增加。

這種「構想工作室」的方式今後的需求量將大增

這種「構想工作室」並不是我偶然採行的方式，且他的需求量也有大增的趨勢，其理由如下：

首先誰都看得出時代已呈現多樣化，而一個人能適應的範圍也頗有限，從這個意義上來看，我並非謙遜也不是客氣，只是早覺得一個人做事有其極限，雖然我也不否定獨自一個人深思熟慮的智慧生產方式，但這種方式不是天才型就是藝術家型，有時他的確會產生革命性的想法，又有時難免會陷入自以為是的陷阱之中，而犯下時代錯誤。所以我認為這種方式至少對於我們這群凡夫俗子並不太適合。

再說，先不用提到什麼時代的變化，每一個人的能力本來就是有限的，在此認知之下，自己的四周要自然形成一個聲援啦啦隊，特別在今日的日本社會中已經無視於他的存在。而且再提到時代觀點而言，現今的日本社會早已消失了這種本來就自然具備的守望相助的組織存在。所以除非大家相當有意識的去實施「構想工作室」的想法，否則資訊智慧的生產也不能順利進行。

為此，我平素即用心維持濃厚的人際關係、付出從不要求回報(give and take)，甚至於還是(give and give)，以那樣的心態去待人，否則根本是建立不起「構想工作室」，因為他既不是單單借助別人的力量，也不是花點錢就能知道別人的智慧，而是聚集一堂的人對於大家在一起製作什麼，生產什麼，自動感到喜悅之情，否則是不可能成為一個好成員的，我們並不需要有義務感，而是興趣盎然，從中取樂，並樂在其中。

還有一點，這種「構想工作室」的方式之所以能適合於現代的取向，主要是因為溝通方式的發達所致。如前所述，隨著國際通訊網路、電子郵件、大哥大電話等驚人急速的普及化，各式各樣地傳遞消息，交換資訊的方式有實現的可能。也就是說，這些成員受限於時間，空間的約束已大幅降低，更能隨心所欲的自由參與工作，說不定有可能會和一個素未謀面的成員，在國際網路和電子郵件的連合下一起工作長達數月以上，這種現象已非不可能發生。

這就是所謂的不拘形式的「構想工作室」，也可以說他既不是科幻世界，也不是超現實的故事，只是他實際上的發生可說是由想像而來。

當資訊變化特別激烈急遽時，此部門為了因應該主題而把旅居歐洲的人特聘為成員，也不稀奇了。如此一來，一個人身處在這個時代是行不通了，因為這種現實意味大增，而「構想工作室」的方式需求量也就更具有其說服力。

「構想工作室」和一般製造工廠有何不同

由此可見，所謂的「構想工作室」，除了生產出的不是具體產品、而是資訊、智慧的產品不同之外，其他幾乎跟製作家電器具、電鍋等工廠沒什麼兩樣，在基本上更是如此，不再依賴一個人有限的力量，而是許多人扮演各不相同的角色，作更多的工作，以此觀點而言與一般工廠無異。

也寧可說是，在容易形成封閉的資訊智慧的生產場所，如果賦與了跟電鍋工廠一樣的意識，那麼在工作崗位上，也易突顯出生動且富有變化的氣氛。

但如果要提高智慧生產效率的話，必須徹底了解「構想工作室」與普通工廠有何不同，否則無法提高其效率。

第一：「構想工作室」的生產目的並不一定鎖定一個而已，甚至有時根本就沒有明顯的目的，只有所謂發散型的構想而已，當然工作總要以目的為依歸，為明顯的焦點才行，但為了達到目的而促使自由的構想處，受限也是一件得不償失的事。

再說，對於目的的這個角色，太仔細規定的話，個人難免產生束縛感，所以不要那樣，應該在一開始時，經過了發散型的工作及構想之後，使全體成員充分得到滿足感，並樂在其中，結果往往是每一個人均能發揮出其意想不到的潛力而得到相乘的效果，不再只是5＋5＝10，而是5×5＝25，遙遙超越個人潛力，此即是「構想工作室」的涵意所在。

在這個涵意上面，「構想工作室」需要相當型式主義的邏輯理論作基礎，例如，我曾參觀新力公司的工廠，發現某個部門所採用的方式，只是單純某一零件放入開孔的容器之中，簡單搖晃，用如此原始的方法而已。而且當一部分零件沒有排擠入孔中的話，也會毫不費力的進入下一個過程。那時我覺得在這最先進的工廠裡卻採用最原始的方法，令人不可思議。卻沒想到如此形式主義的方法，如果攸關到成本的話卻是最好的方法，原來把不需要講求方向性的零件排擠入孔中，有其相當的準確機率，而事實上這才是既便宜又快速合理的方法。

第二：「構想工作室」比一般普通的工廠來得轉變快速，因為「資訊」相當於工廠的原料，且存在於每一個人的頭腦之中，不像一般工廠有搬運原料的必要。

在環境、設備的觀點而言，以大公司的大型設備為例，常是造成公司發展的阻礙。就這點而論，「構想工作室」並沒有形成阻礙的重型設備。而既然其原料是資訊，那麼設備等於是人，尤其是指頭腦，自然形成機動性強的設備，也才能從新鮮度高的原料中，生產出高品質的產品。而且能隨著情勢的轉變，易於立即生產或馬上撤退、或縮小生產線，不必長時間持續生產同一產品。

這是與我私交甚篤的美國學者愛德華・愛普諾所主張的「水的理論、岩石的理論」的想法相同。水能適應任何的變化，也能隨形轉變，卻不失其獨特性，因此他的潛力反而比岩石不能任意轉型來得更大。西方人所穿的衣服、鞋子，只適合於尺寸相符合的人士所使用，可是相對於日本的和服和木屐其尺寸卻是很寬鬆的，一點點的變化也能適應自如，而歐美的合理主義即岩石的理論。在今後有寬鬆尺寸範圍的日本式想法，其需求量有大增之勢，正如愛普諾博士所說的，我們的「構想工作室」正是沿襲著水的理論而來的。

第三點：普通工廠與「構想工作室」的差異，即是「構想工作室」往常擁有某種寬敞(redundancy)的空間，例如：從前日本的建築家代表清家清先生主張寬廣的空間，像飯店也流行要有一個寬敞無比的大廳。「構想工作室」也相同的要擁有綽綽有餘的空間，否則頭腦是無法運作自如。

我曾與系川英夫先生交談過，當時，我提到美國大學裡有一種叫「安息日」

(sabbatical)，也就是每七年有一次可以自由地休假制度，如此一來可以好好利用這段日子，吸取新資訊，充分準備講義等，真是令人羨慕的的制度。但系川先生聽完之後不以為然，他認為日本人很差勁，「安息日」的語源是取自於以色列的完全安息日(cohabit)，所以什麼都不要做。他還教我在此「安息日」裡，什麼事都不做，一味尋求安息，並且讓腦中一片空白才是最重要的，原來猶太人一星期騰空腦子一次，才可藉此產生新構想。

「構想工作室」的新軸心如此產生

下面繼續列舉「構想工作室」與普通工廠不同之處。

第四點：對「構想工作室」而言，朝令夕改是司空見慣的事，一律沒有前例可援，或是受任何前例的價值觀左右。所以可以毫無顧忌的改變，如果今天還在做蕭規曹隨的事，將被視為無能。

第五點：只要「構想工作室」看到社會上出現同樣的產品，也就是同樣的構想時，「構想工作室」即不再提此構想，而轉向在社會上被認定為最困難且根本辦不到的事挑戰，這句話也就是新力公司井深大先生的口頭禪，也是說對於所有想要從事有創意的工作的人，這件事可謂是最重要的鐵則。

第六點：當在「構想工作室」中出現了當初所意想不到的產品、概念和構想的時候，是司空見慣的事。這時就算出現異於目的的構想，也不可否定他的存在，因為此構想有可能會成為將來在某方面給予劃時代衝擊性的新軸心。至於在提不出所謂的方案時，無論對組織或是個人而言，都是構想力的危機。

第七點：「構想工作室」當然是不拘泥於身分的高低。在我的研究所裡固然也設立了所長室，但只要有需要，任誰都可以去使用。萬一鄉下的親友來訪，也可進入所長室，高坐在太師椅上威風八面的，當然這是笑話，到目前為止並沒有所裡的成員真的如此使用他去威風一下。話雖如此說，但有時按照主題或計劃當然需要一個領導人，每次只要到時候再選出適合的領導人即可。

第八點：「構想工作室」不但不分身分高低，也不分構想的好壞，但若要以構想來一決勝負的話，會令人聯想到我們經常在追求更新的構想，而忽略其實也有很樸素的構想產品，那就是把從前有過的產品，拿出來一一加以重估，這產品雖樸素，但因為是現有的產品人人均會忽略他，他也有可能成為奇貨可居。

以書桌為例，小孩的書桌必須隨著年齡層的不同而擇其高度，所以到店裡去購買小孩書桌時必先量好小孩的身高，才可買適合的書桌，實在太麻煩了。何不製作一張可以自由調節桌腳長度的書桌。而在現今家用電腦佔據桌面的時代裡，當然要找一張適合擺置家用電腦的桌子，那何不在放家用電腦的桌子下再添放一張桌子，此張桌子一定要是抽屜式的，事實上甚至有人開店單賣家用電腦專用桌。

關於育兒雜誌或學藝雜誌，一向被認為該寫的題材都寫光了，已沒有推出新稿件的餘地，當有人來找我，要我出版有關於幼兒用的練習簿時，那時的市場已呈現飽和狀態，而投資人卻眼見市場的需求量如此大，因此判斷若能推出決定性的好書一定暢銷的。但當我去查看有的幼兒練習簿時，發現他們幾乎都把年齡層分開，廣泛地符合幼兒的成長幅度而取二～三歲、三～四歲、四～六歲等，想藉此擴大顧客層，可是這是不對的，因為成人的二三～二四歲和幼兒的三～四歲，無論其發展速度或父母親的期待狀況均大不相同，而以父母親的心態而言，為了想證實他的成長情況，能早一天或早一個月都更好，所以在父母的眼中，三歲和四歲的小孩，根本不可以用同一本練習簿。

根據以上的想法，我所主編的幼兒練習簿，則採用三歲用、四歲用、五歲用更細的分法。結果，顧客層不但沒有減少，反而大幅成長。父母親不但給自己三歲小孩買三歲用的、還買了長一、二歲用的練習簿，時而期待他的成長，時而隨著他的跳級成長而喜悅，他們在不知不覺中把意外的好處，充分反映在購買動機之中。

最近也有這樣的例子，有一本雜誌本來是標榜著產前產後的範疇——妊娠生產雜誌，但後來把他細分為二本，生產前叫「雞蛋俱樂部」，生產後叫「小雞俱樂部」，結果二本雜誌的銷售量均呈飛躍性的成長。

像這種的構想轉換，因為在「構想工作室」中的身分是不分高低、而在自由的氣氛中也特別容易轉換。

第九點：如果要生產現實層面的構想時，在我的「構想工作室」有一個心得可茲參考，即是對於此類的構想不要一味講究新奇性，關於此點與前項是脈脈相通，我的意圖只是要人們更加重視自己的專業領域，而把以前的作為當做構想的核心而已。

例如，有一個人來找我，他自稱區區一個西裝小師父，但如果以做西裝為例，不僅只是量量身材、做做西裝而已，他也有可能把一切都引導到生意經上。

例如，這套西裝要配什麼領帶才相襯，並加上用什麼品牌的香水、戴什麼款式的眼鏡，及梳怎樣的髮型，彼此互相搭配，以西裝為核心擴大其他構想，而成為全方位的時髦設計師。

其實這個想法有一個很大的副產品產生，即是顧客本身因此才得以探知他真正需求是什麼？在這涵意上意味著，以本例的西裝為一單純的動機，就此展開一長串的需求名單，顧客會從中找到「對了！這個才是我真正想要」的需求。

「構想工作室」方式的訣竅

此想法說他老舊卻是嶄新的，說他樸實卻有其發展性。例如：以 Internet 的 Homepage 和 Link 的關係而言也可以此種想法來解釋。Homepage 是主題，只要跟此主題有關的題目均連繫到 Link 上面去，而到 Homepage 來尋找的人，就依序跳級過 Link，鎖定自己的需求，而找到自己真正的需求。

相比之下，以前的報紙顯得浪費多了，每天送來的報紙數量有四十、五十頁之多，我們實際上只看其中的幾分之一而已，至於多達好幾百頁的綜合雜誌，真正想看的只有十頁左右，可見我們有多浪費，所以以主要核心的資訊開始擴大其關連對象，如此作法將可以減少不必要的浪費。

其實資訊的 Expanding 不斷擴展開來，正是與情報的 Forcusing 鎖定環環相扣，至於如此的 Interactive，也就是雙向作業，同時是媒體時代所產生的異質頭腦集團的「構想工作室」所拿手的絕招。

除此之外，不單是我的「構想工作室」所採用的方式，甚至還有幾招得意的作業方式，同時他也相當於其他智慧作業集團的共通點，無論如何他是與實際的工廠作業意外地脈脈相通，既然如此，不如把此構想引進智慧生產的工廠裡也是極其當然的事。

包括現在所列舉出資訊的「Expanding」和「Forcusing」，以及細分資訊的「Girding」，再加上與細分資訊混合的「Mixing」，和不急切地想為資訊定義尋找定位，而讓其飄浮在半空中的「Floating」等，以及實際上跟這一切有關的資訊手法「Chattering」（聊天、一席話等）。

此 Chattering 最近在 Internet 上也成為一個輕鬆聊天的休息站，而變成是交換資訊的重要因素之一。正因為「構想工作室」的方式特別需要自由地傳遞、交換資訊，所以他會全面成為「構想工作室」在資訊手法的實行式上一種不可或缺的手段。有關於此我曾寫成一本書「一席話的構想」，這次重新在「構想工作室」的想法中重估他，再次好好思索、構想一番。

除此之外，我還認為應該有意識地把一般工廠的作業方式有計劃引進「構想工作室」的作業方式之中，因為我們深信他們對於智慧作業的窘境和極限，能吹起一陣不同的新風氣，而給予僵硬的想法，一些突破性(Break Through)的動機。

當多湖輝研究所的「構想工作室」也成為這種構想方式的訓練場所時，每月均開辦TAGO補習班及研討會，而我最新的成果是把東京灣的御台場開發計劃交給青島東京都的市長接辦，但願在不久的將來，此一龐大計劃能露出曙光。

第一章

「構想工作室」的原料到處均有

1 從意外的「原料」中出現意外的「產品」

構想工作室的「雜種強勢法」能為企業注入強心劑

關於「構想工作室」的想法，我們首先注意到下面二點：第一這個智慧生產法取名為工作室，可見比起以前的方式有更確切、更精準的智慧生產力，其次是他使用什麼原料，推出什麼樣的智慧產物，此點簡而言之是指從意外的「原料」中出現意外的「產品」。

在培育玉米、番茄、茄子時，所使用的方法即是「雜種強勢法」。如眾所周知的植物受精是雌蕊附著上花粉而受精、在植物上都有一支雌蕊，其四周包圍著許多的雄蕊，雄蕊上的花粉被昆虫或風力的搬運而附著上同種的植物而受精，有時也會在同一植物上進行自體受精，也就是雌蕊附著上周圍的自家雄蕊花粉而受精。

如果繼續如此傳上幾代之後，植物的生命力會弱質化，有如室內栽培一樣，因能力、性質的被狹化，當面對複雜的外界環境時將無法去適應。所以必須有計劃的進行異種交配，藉此提升生命力的作業方式，我們稱他為「雜種強勢法」。

我之所以提到此種方法，主要是因為公司有時也需要雜種強勢法。如果公司業界一直在自己狹小的世界中運作構想，即使成為世界權威，也會因為無法配合周遭的變化，而趕不上時代進步，甚至使公司在社會中被孤立，被判定是一個沒存在價值的公司。

當董事長是公司的大股東時，亦即在家族企業中，此傾向極明顯。此類型的公司董事長常年不更換，其全體經營陣容也保持不變。在錄取新進員工時，也以董事長或經營陣容的強烈意向為依歸，那麼在物以類聚之下，進來的員工均成為同一種類型的人。固然他也有他的優點，即不太會出現意見相左，而致公司環境一片和詳，而且下裁決也比什麼都快，只要社會安定就會是一家績優公司。但萬一遇到社會動盪不安之時，將束手無措，坐以待斃。

至於公司採取的雜種強勢法又是什麼方法呢?例如在經營陣容中添加別種行業的人才，並且規定董事長的任期，然後透過吸收，合併來培養體力，如此廣泛地實施其方法，而成為一種可以令人親近的方法，在不經心的場所，一群不經心的成員，進行一場不經心的談話，套句最流行 **internet** 中常用的術語像 **Chattering**（聊天、一席話、間歇電震）一樣自由的交換構想，積極創造智慧生產場所，如此應該可以加強公司的體質才是。

我想為交換構想取名為「構想 Session」，提到所謂的「Jam Session」即是在爵士樂演奏中常見的即興演奏。至於「Session」有開會、演講、上課、會期等的意味之外，還有包括集團所舉辦在一定期間的活動意味，所以像閒聊式的「自由交談」不過是一種自由交談構想的即與演奏罷了，而「構想 Session」正是「構想工作室」不可或缺的智慧作業。

而 Chattering 是不同於正式的會議，無論在主題或是成員方面，原則上是自由的不加限制，非常靈活運用。且透過不拘型式，集合各類人士自由交談，正可以引進別種血液，例如是加上不同行業也好，或是由經營層和年輕一代的員工交談也好。

匯集富有變化的成員，這才是「構想工作室」中構想手法引出 Chattering 的最大效用的第一要點。但在現實問題上想毫無忌憚地聚集各種意見是很難的，所以才需要進一步了解下列的方法。

在「構想工作室」中要傾耳聆聽外行人的意見

所謂的專業集團會想也會做一般人不做的事，長久之後，他們的想法在不知不覺中受到特定重力的影響，而完全沉溺於所謂專業的框框之中，對於與專家以外的人交談不感興趣。

而專家以外的人即是外行人，他們的意見在行家看來雖然有些意想天開，但也常是頗有可行的，因為是外行人才可能有此構想，所以必須要傾耳聆聽。

關於此點容後詳述，例如前日本國鐵總裁高木文雄先生召開有關國鐵經營會議的目的，簡單地說即是「聽取外行人的意見」，他廣泛地聚集各個部門的人，並期望從中有所收穫，雖然這些人對國鐵是完全外行的，但高木先生的態度卻是照聽不誤。

另外有一點來開會的人士大多具有某種市民的敏感度，他們都是站在各個部門最前線的人，也擁有很靈敏的觸角，且毫不例外均屬於具有多方興趣類型的人，甚至可說是每一個人都有好幾十種興趣及異質頭腦構造。

因此做為構想手法的 Chattering 的話題並不受拘限，隨時可以飛到九霄雲外。

例如談到教育問題，環繞在同一主題之下滔滔不絕的聊到高齡老年問題也照聊不誤。要是聊到玩具的話，話題同樣是豐富多樣。且每一次都能提出精確的例子，互相傳遞輸送，適當給予刺激，因而興趣盎然，使每一成員提升某種程度的緊張感。對於如此高品質的外行談話是頗值得參考的。

以玩具為例，玩具製造商是長期參與製作玩具的專家，他們長期累積了製造玩具的 Know How（沒法解決的）。但有時去找兒童心理專家們聊一聊也是不錯的。

雖然，玩具製造商看待兒童心理專家以玩具而言是完全外行，但說不定能從兒童心理專家那兒能引出某種新玩具構想的有關答案，在此時最有效的構想手法即是 Chattering。

交換意見的構想手法會使美夢成真

距今二十年前，某家出版社在設立之初，幾位股東聚集在一堂並邀請新力公司的創辦人井深大先生來致詞，在當時的井深大先生是位勢如破竹的成功經營者，同時也是頂尖的專業技術人士，另一方面也具備了銳利的直覺是個有名的公司命名人，甚至有人還迷信只要由井深先生命名的公司，必定成功無疑。

此次的 **Chattering** 也是從出版社的設立，公司的命名及編輯方針等，話題聊起，想不到話鋒一轉竟聊到最近的年輕人身上，而不管任何時代，「現代年輕人」特別容易成為人們攻擊的對象，連古希臘所保存下來的文件中也出現同樣的話題。我也常碰到這樣的笑話，即是大約二十五歲左右的青年，得意洋洋地說：「現代的年輕人跟我們那個時代的不同。」

只是當時他們也是故態依舊，例如以現在的年輕人不修邊幅，精神不佳為話題而紛紛指責年輕人，「不肯自己去找工作、不點不亮，不推不動。」「叫他去請示總公司該怎麼辦？他卻回答經辦人不在，所以沒有答案。怎麼不知變通一下，總公司不行，改問其他分公司呢？」在大家交相責罵、一吐為快之後，共同認為年輕人之以精神不濟，主要是因為大學教育不當所致。

大學教育不當又是因為高中教育不當所致，高中教育不當是因為國中教育不好，而國中教育不好是小學教育失敗所致，大家莫不慷慨激昂、悲憤不已，話題推展至此，非設法改善不可，然後再提到一定要推派出一個代言人，以發表激烈的宣言，結果話鋒一轉意外地下了結論，乾脆請井深先生親自為此寫一本書。

因為在當時井深先生剛好才建立了幼兒開發協會，這是一個推動幼兒教育的組織，這個幼兒開發不是指最近在電視連續劇「甜蜜家庭」中一樣，也不是以「聯考」為目標的幼兒教育，而是為了使小孩長成精力充沛，神氣活現的成人。

站在井深先生的立場，他雖然建立了幼兒開發協會，但這畢竟是他專業以外的事，他完全沒有任何心理準備要為專業以外的事寫一本書，但是他實在看不慣青年人的作為，於是寫了一本書『到了幼稚園就太晚了』，結果以意見交換當作構想手法而寫成的這本書，也是新公司出的第一本書，最後還成為暢銷書呢？這件事影響至深，甚至成為將來編輯方針之一。

如果當時公司開的是正經呆板的會議，可能就不會有如此的後果，固然有些人可能是被井深先生的知名度吸引而來開會，不過開會的主題卻是以構想手法，加上交換意見，才會有推出最佳暢銷書的結果。

因為我是一位心理學者，所以找我諮詢的人大多屬於心理學層面的事。但有時也有例外，例如：發生犯罪事件希望我能臆測犯人，像猜謎一樣的尋找答案，常令我不知所措。我又當過小學校長，也有人為了子女教育問題來接受我的輔導，但經常發生下列情況，即在談笑風生中，對方在生意經上卻得到有趣的暗示而愈聊愈起勁，等到要回去時才自言自語地說：「哇！我到底是為何而來的？」

例如跟我聊天之中，客人得知原來我是一個玩魔術的高手？再一聽我還是「東京業餘魔術師俱樂部的成員」，就很自然地問我能不能提供一些節目給他的百貨公司正在企畫中的康樂活動中表演，或者問我能否幫他買到便宜的魔術小道具等等不相關的話題。另外也有人邀請我參加演講，在聊天時發現我喜歡打高爾夫球，於是要求我為他正在興建中的高爾夫球場提供一些設計上的意見而令我嚇一跳。

雖然與當初找我的目的迥然不同，但在無所不聊當中，卻出現令人意想不到的收穫，這種情況多得不勝枚舉。

從聊天中得來的資訊消息往往是經營者決策時的參考

這是一則刊載於某家經濟新聞報上專欄的故事。

今年六月不二製油公司董事長安井吉二先生說到：當年的常務董事長打算要提拔他為公司董事長時，他心想這真是偉大的壯舉，自從一九六〇年他進入公司之後，除了研究部門，人事部門沒有待過之外，舉凡營業部、企畫部、財務部等等單位莫不服務過，而後任命為生產乳製品子公司主管時，果斷地朝新公司營業額六十億圓挑戰，因為這家子公司當時一年的營業額只有五十億圓，他所下的賭注未免太大了，然四年之後，營業額激增為二倍以上。如此果斷的投資舉動，實乃拜「若失敗，不追究」，這種前瞻性的失敗精神，開花結果所賜。

雖然當時心想茲事體大，但只要能當上董事長，即可大展抱負，按照自己的意思去營運。而安井先生歷經過許多單位，在各單位之中都有意氣相投的同事，之後他每天走遍各個單位去聊天閒談，並聆聽他們怎麼說，如果要下重要的經營決策時，最後往往是「以得自聊天中的資訊可茲參考」。

他可能是肯定了不拘形式的聊天方式比呆板的傳統會議，更能得到真實的資訊消息，亦即擁有更多收穫的「構想工作室」的好處。

另外前日本國鐵總裁高木文雄先生在任時，據說為了設法改善有關赤字問題，工會組合問題、經營難題等，每月定期召開聚餐會邀請個人智囊團、作家、學者、工商界人士，藉以交換資訊。

我也是其中與會成員之一，此外還包括有西武集團的堤清二先生，小松製作公司的河合良成總裁等知名人士，且集結了許多不同領域，並擁有高品質資訊的人們齊聚一堂，在氣氛輕鬆愉快之下自由地交換意見，在這聊天會中他們面對面毫無約束地交談，場面融洽，高木先生的酒量本來就好，所以刻意蘊釀熱絡的氣氛，但有時難免也會喝過頭。

有一次，他提出以如何消除赤字的具體方案為聊天話題，在當時首都圈中，國鐵最大的煩惱之一即是深夜營業時間常逾時，因為人們不斷地延長時間到凌晨，而與頭班發車時間間隔太短促，又因為最後一班車延遲很晚才通過各站，沿線各站的站員均須值勤到深夜方休，加上末班車通常會上來幾個酒鬼，弄髒月台，而站員人手不足，收拾善後頗耗費時間，等工作完畢上床已是半夜二、三點，隔天四、五點又要起來準備頭班車發車事宜，所以必須採取輪流值班，否則體力無法負荷，加上人事開支也頗為龐大。所以，得出結論是最低限度希望末班車提早一小時收班，頭班車也晚一些才發車，這樣使得首都圈的國鐵營運出現了轉寰的空間。

這方案出現之後，馬上有許多人以不同角度提出反對意見。例如：包括有：「那怎麼行呢？這麼一來對於那些工作到深夜的人，等於沒有了腳。固然酒鬼很討厭，但是有些小公司非加班至凌晨，否則無法生存。」「事實上現在有很多人還希望國鐵能全天營運呢？在現代都市裡，「晚上」已逐漸消失，像這樣作法是開倒車，不合時代潮流。」「乘客們怎麼可能首肯呢？」

另外又提到當時國鐵的公務員宿舍改建話題，因為那時的宿舍老舊不堪使用，很想改建，重點是要蓋到甚麼程度與規模的宿舍，才能既得到住戶的認同與滿足，同時兼顧納稅義務人的肯定呢？對於這個話題希望大家提出構想，互相討論。

結果大家七嘴八舌，紛紛提出意見，如果是二房還算合宜，若三房則太大，又起居間不必蓋得太豪華，因為是要花國民的稅金所以每坪的造價該如何如何……等（意為不可太貴），高木先生當時的感覺是先聽取大家的意見，才決定其改建的水準為何？

仔細聆聽之下，才發覺日本國鐵這個單位真是不好經營的生意，說什麼一切要合理化，可是真的要合理化談何容易？像之前提過末班車的話題一樣，又例如想停掉效率不彰的路線時，又因為這是國鐵，是公共設施，就算再偏遠的地方也得行駛，服務人民，諸如此類的難題一大堆，而且單單是如何在公共性與生產性之間取得平衡點的這個問題，就讓人頭疼不已了，加上政府與工會又插上一腳，想為國鐵掌舵簡直是難上加難。

可是多方聽取來自各基層的市民心聲，的確是有助於取得經營平衡點。

介紹二種向別人打聽意見的方法，第一是面對面直接打聽，另一種是邀請幾個人打聽的方法。雖然第一種面對面直接打聽能更深入探討問題的核心，但卻沒有辦法獲得更多不同的意見。隨著問題性質差異，還是以某種程度的聚集多數人在一起聊天，聽取意見來得理想，如此一來，在聆聽別人聊天之中也會激發自己產生新構想，而這性質也是構想工作室的優點所致。

為了因應現在的「無重力構想」還是以構想工作室最適合

現在的日本因為擁有了毛利衛先生和向井千秋小姐二位太空人，終於進入太空時代的氣氛中，同時看到電視實況轉播的映像，他們的情況才得以親眼證實，而在不久之後，連一般人都湧現出到月球去旅行的美夢，也有即將成真的感覺。

他們在太空中做了許多實驗，包括物理學、化學、生物學等不同種類的實驗，在這些實驗中得到了超越地球上所有的實驗範圍的新成果。因為他擺脫了一切重力限制，而進入「無重力」的狀況，在基礎的實驗中累積成果之後，成為人們在太空中生活必備的相關基礎資料。

後來向井小姐返抵地球接受訪問時回答說：「深深地感受到薄薄地一張紙的重量。」

只有在地球上生活經驗的我們，根本無從感覺一張紙的重量是多少，但是唯有曾經驗過無重力狀態之下，才可明顯感覺到紙的重量，可見得地球上的重力非同小可。

其實這是一句極富暗示性的話，意即我們所想的事，在不知不覺之中受到來自任何一方重力的影響，也就是說思考的本身受到無數多層的限制，這些限制包括有目的，時間、頭銜、經驗等框架，跟在沒有意識之下的重力是如出一轍的。

老實說最近我對於這件事才有了切身的體驗。之前我總勸人要自由地思考，要突破種種限制框架去思考，而這都是站在我有自信比一般人更自由地去思考。

但自從我於長年服務的大學辭職之後，深深地感覺：「原來自由思考即是如此這般而已」。

一個人只要肩負有某種頭銜，例如公務員或大學教授，就根本不可能自由地構想。這是我的發現，所以最近我若遇到人，我會勸對方儘早辭去總裁、董事長的職位，唯有無官一身輕的時候，才會出現了不起的構想。

假定說以前的構想方法是屬於地球上重力之下的構想方法，那麼今後的構想方法應該指的是掙脫出一切重力限制，屬於太空性無重力的思考方式，漫步於太空狀況之下所做的自由構想方法，這才是拓展未來的關鍵所在。

而這種無重力構想，當然一個人也可採用，只是獨自一人左思右想難免會受制於過去經驗及狹隘觀點所囿，而為了彌補缺點改採取多人聊天形式的構想工作室，時而這邊走走，時而那邊逛逛，有時擴大，有時收斂的模式，飄忽不定，無法掌握談話主題的狀況，正是無重力構想最適合的環境。

2　只要經過大修的手續連進退維谷的窘境也可復甦活絡

自由的構想產自於自由的時間及立場

這是目前日本最大的一家廣告經銷商在創辦初期時所發生的事。有一次因為我有急事，於事先約好的時間到達他們的辦公室，結果放眼望去辦公室內所有的人都不在，我想留言給他，只好到隔壁部門去看看，卻只看到一名打工性質的女性。

當時我的心裡很不安，想不出到底發生什麼事，於是我問那名女性這是怎麼一回事，她告訴我說他們可能是去公司附近的一家咖啡館吧！於是我走出公司，進入對面地下室的咖啡館。

當我踏入咖啡館，嚇了我一大跳，公司中許多的男職員均目不轉睛地釘著電視機。跟我有約的那位員工也赫然在列。當時日本電視台正轉播一系列的全國棒球賽，而比賽正值精采關頭，沒有一個人注意到我的進入，個個叫喊著他們所支持的球隊名稱。雖然現今的日本棒球熱受到足球的影響已大幅冷卻，但在二次大戰之後的三〇年代，也就是職棒的黃金時代，日本一系列的棒球賽是全國矚目關心的焦點所在。因此我能理解他們如此熱中的原因。

但是不管日本一系列的棒球賽人氣多旺，畢竟這是在上班中，我還記得當時心裡頗不以為然地想：「這算是什麼公司？」等到第二年過年時我更是訝異，那家公司的員工突然來向我拜年，我一時高興就挽留他們說：「讓我們把酒聊天、暢談天下事。」對方卻回答：「不！我還有許多重要顧客要一一去拜年呢？」說完，只喝了一杯春酒即告辭了。原來那家公司有一規定，在過年時一定要搶先一步比別家公司早到顧客或是平時受其關照的人家去拜年。我心裡非常佩服地想，這果然是日本最大的廣告經銷商。

他們一方面把工作擺在一旁只顧去看電視轉播，另一方面當別家公司在過年休息時，他們卻領先各公司去拜年，我對於這種做事沒有原則，且頗有差距的行事標準感到吃驚。其實我能了解，這種差距也就是他們領先廣告界的精髓所在。可是漸漸地這家公司規模日益擴大，慢慢成為一家有制度的大公司而穩坐龍頭地位，員工們值勤也中規中矩、照章行事。他們的公司管理方式與一般的公司管理方式無異。但說來遺憾得很，隨著公司的擴大規模之後，員工士氣卻逐漸喪失幹勁。

像有一些公司使用打卡鐘或人事考覈制度，或以員工的行動來管理，但是那種管理員工的方式，已被認定為老舊公司的體質。甚至連早九晚五的上班模式，也已無法勝任激烈的社會競爭。也有人持另一種看法，他們必須到華燈初上之際，腦筋才是最清楚之時。

因此，有不少公司已廢止了打卡鐘，而採用了彈性上班制度，甚至有些公司還規定一週上班四十小時，至於幾點上下班，悉聽尊便。意思也就是說透過上班時間的自由化，藉以要求員工產生新的活力來。

對於有創造，有活力的工作，必須要有自由的時間。同理對於自由的構想而言，也必須要有自由的時間和自由的立場。而何謂自由的時間，即在時間上決不刻意加以設限。例如：不事先設定時間，「在黃昏七點集合」，「九點以前要結束」等框架。而常見的規定如：「一星期一次聚會聊天」、「每月的第二個星期二集合」，以那樣定期的匯集構想。

以這樣的作法將很難使構想如泉水般湧出，所以不應該設定時間，並要選在寬裕的時間內，幾個人志趣相投的聚集一堂，輕鬆地交談，不硬性規定開始和結束的時間，這樣才會產生嶄新的構想。

至於場所也無須「非如此這般才可」。例如：對於沙發椅並非一定要在一個寧靜安詳的房間裡，才有柔軟感覺等等這種講法都不正確。所以不妨不要執著於地點、場所，改想：「只要是人匯集在一起的地方、即是地點、場所。」

構想工作室的成果多的是可以立即派上用場的務實作法

這是某一主編告訴過我的話，他的公司共有員工三十人左右從事於編輯工作，在一幢辦公大樓的一樓設為辦公室，除了另一間房間裡有幾個會計部員工之外，其餘都是編輯部的員工，同在一間大辦公室內工作，為了管理方便，其中又分為三個編輯部，各設有編輯組長一名。

有一天時間已過了黃昏六點，第三編輯組長叫了一名職員來並告訴他：「喂！

某某，這個挺不錯的。」那人一看組長的桌上有一瓶上好的威士忌酒，是人家送的。喜好杯中物的他又呼朋引伴地叫了另一同事來，而且從煮茶間帶來三個酒杯，於是三個人當場喝了起來，不久，別的單位的人聞到酒味也跑過來說：「哇！這麼愜意。」「你也可以加入啊！」結果七、八個人邊喝酒邊聊天，其中有人非常周到地說：「那我去買一些下酒菜。」

大家喝起酒來，談笑風生自不在話下，先從喜好的高爾夫球和釣魚聊起，最後自然歸納出共同的話題，例如今日熱門話題：什麼是現在最暢銷的書、或某某雜誌的企劃非常有趣。不久之後有人說到「事實上，我很想舉辦如此系列的活動。」在無意中開啟了自由談天的企劃會議。

那家公司並不是沒有召開過企劃會議，只是在正式會議中，像那個人所提的企劃活動是屬於很難啟口的範圍。因為那人隸屬於美工部門，拿手專長是美術部份，可是他所提的系列活動是以烹飪為主，卻與他的專長無關，所以他根本無法在正式企劃會議中提出，但他的編輯組長因為以前出過一本有關烹飪的書，所以也表示有興趣，而其他同事也紛紛贊同地說：「那很有趣。」於是該企劃案在大夥順水推舟之下，真的順利實現了。

他們在不知不覺中受到自己公司專長部門的「重力」影響而無法自由的產生構想，所以這正是很好的例子，以聊天方式來突破受限制的框架，也就是無所不談的聊天方式有了突破的例子，據說這種「三杯黃湯會議」一直不斷地持續下去。

又有些公司實際上開闢了一間專屬的房間，讓員工在工作疲累之餘可以大家聚集在此小酌一杯。也等於是這些公司肯定了「聊天式」的自由交換意思的效果。

像現今業績飛躍直上的聲寶公司，也自覺到他的好處，於是也將他們納入制度之中。例如，他們在推出閉路攝影機「view come」（品牌名）時，並不是上市就算了，還主動積極地向顧客詢問到：「買此機器都是什麼用途？」藉以收集資訊，也等於是技術監控。

後來他們也發現到一些連製作單位想都沒想到的用途，例如在婚禮中一向是要求與會者為新郎新娘簽名祝賀留念，這次以「view come」代替簽名，想不到有人手執攝影機，反過來拍自己還自言自語地說：「加加油！」或是「扮鬼臉」或說：「好不甘心。」如此地傳遍大家手中。聲寶公司覺得這樣非常有趣，而將他納入以後的文宣當中。

另外又建立一個緊急處理的企劃小組略稱為「kin pro」，只要是被推選為 Kin

Pro的人即佩戴上紅色胸條，平日隸屬於某部某課，但一遇到「等著要」解決的問題時，即可緊急打聲招呼說「我跑一趟！」即可毫無顧忌地走開，彷彿公然的離席是早有的默契。

有縱向的排列，也有橫向的伸展，以此來適應問題，正是容易產生新構想的理想環境。

給構想工作室陷入進退維谷窘境的一個「突破」(Break through)

到我這兒接受各種協談諮詢的人，大多數並不是腦中空白一片的狀況，而是因為某種問題而來的，但他們是不同於事先有默契的人際關係，或者也不是一出了問題即刻跑來求救的。在來我這之前，他們自己也曾想過一次，腦中也有一些概念，甚至也有某個程度的答案，這種情況也不少。

他還自以為想的相當透徹了，到目前為止的想法大約是占了全體的七、八成，需要我輔導的只剩下二、三成而已。

其實在七、八成的想法中大多是陷入了「chanalligation」（水路定位）的僵局之中。「chanalligation」即是指水流在土上流動的時候，如果好幾條水流均流向某一地方時，隨著流程，水路會漸漸被挖深，那麼將更容易掠過同一水流的現象。

水路一旦被塑造完成，將很難改變其流程。也就是說有七、八成的想法會陷入習慣性的想法即呆板想法的僵局之中，特別在形式化企劃會議的局面中特別容易產生此種現象。乍看之下這種會議主題已八、九不離十了，只差最後一截尚未被突破而已。但因為他們是走在方向固定的軌道上，以致於他們看不清楚方向，結果大家因為無法破解而悶悶不樂。

遇到此僵局時，最好馬上把會議結束，要不然強迫自己不再去思考，而且開始聊起完全與主題無關的話題。當天就此結束該主題的思考，且去喝一杯吧！改天再從另一角度切入探討並互相交換意見看看。

結果雖然是扯向了意想天開的話題，卻也導回到問題的根本點上，這種情況是常見的。因為大家聊的雖然是跟主題無關的話題，但那個主題卻始終在腦中盤旋不去，他的重現只是時間早晚而已，只要他一出現則眼前豁然開朗，因此走向光明大道，而使這個轉捩點有了「突破」。

在構想工作室裡有時會把以前不同的水流導向同一水路，或者把現有的水路，引進不同的水流形成不同的水路而有所突破。

換另外一個觀點來看，也可以說當心裡認為已經十之八、九錯不了之時，往往才是使矛盾現象表面化的結果。因為如果沒有事先預設立場，也無從把問題表面化。所以想到那就聊到那的聊天方式，反而容易跟解決問題環環相扣在一起，這也是原因所在。又如一個傑出的經營者，在下最後決策時，往往會排除慎重其事的公式化會議而轉向各方面探求意見，主要即是深受其效果所致。

由「老原則」、「老心聲」而「新原則」、「新心聲」

縱觀歷史大局，因時代轉變則連帶範例（即歷史上所發生的事）也會大起變化。但這種波濤像是會吞進一些個別小現象一樣，所以一些不敏感的人通常很難察覺。像一九四五年八月十五日是一個非常明顯而易懂的分岐點，但一般而言在歷史的流程裡通常很少有明顯分點。

雖然構成範例的因素很多，但這可以從下面這角度切入去思考的，即是由老的（例行化、呆板化的）而新的（創造性的）流程到原則（形式）、心聲（實質）的因素。

現在以比較淺顯易懂，女性形象的掌握方式為例來說明。日本以明治時代，經過大正時代到第二次大戰之前為止，稱日本女性為「大和女子」，並且認定女性必須是賢淑端莊，遷就男性，且意志堅定是為美德。俗話所說：「娶妻應娶有才德者，外貌皎好又柔情似水的。」這即是男子的觀念世界，姑且形容他為「舊的原則」。

但事實上在日本也不全都是那種類型的女子而已，有許多的女子並不受舊道德觀的束縛，還刻意選擇苦惱多但真正具有人性之路去走。包括有松井須磨子，平塚雷鳥、岡田嘉子等，這即是「舊的心聲」。

然後日本戰敗了，被迫地從美國移植民主主義進來，於是日本女子在新憲法中發現了「男女平等」的字眼，心中興奮不已，而形成了「新的原則」。如電影『青色山脈』即為其象徵一樣。更有人在背後批評以二次大戰後襪子和女子二者均鞏固起來了。

雖然原則上是如此，而現實上日本仍以男性為考量中心，女性難有出頭的機會，但時至今日，才開始主張實質上的男女平等，法律上明文規定男女雇用機會均等，男女分姓（即不冠夫姓）等問題，這些都是以前沒有想過的事情，如今也現出了曙光。這即是「新的心聲」。

另外在教育制度上也同理可證，像英國所提倡開放教育(open education)的想法即認為每一個人生來在能力上就各不相同，我們應該要坦白地承認這一點。例如：某人國語程度好，但數學很差，其能力有所差異，為什麼要把能力不同的人，關在同一間教室裡，由同一位老師來教呢？在實質上最理想的狀況還是讓實力和自己不相上下的同伴在一起學習自己所喜愛的功課，效率也才能提升。

若深入探討上面的想法，則所謂的學年制是一個很奇怪的制度，何不乾脆廣除這個學年制，沒有了學年，連幾年幾班的圍牆也沒有必要存在，在拆除了年級的圍牆之後，便產生了一間大教室。諸如此類的想法，在探究實質之後，出現了「新的心聲」，也才產生「新的形式」。

又像美國有一種天才教育的想法，認為五歲小孩唸高中，十歲進大學醫學系有何關係。可是日本卻不准跳級，日本政府規定幾歲上幾年級，以那種形式和原來套牢人民。也就是說全體國民均服膺此信念，有何不可呢？所以在本質上認為縱然有的孩子已經上了高中，卻還搞不懂分數的加減，也是一件莫可奈何的事。在日本古代曾有一部分人承認跳級的，這就現狀而言，該屬於「新的原則」的世界。而第二次大戰後的「壞的平等主義」仍影響至今。

雖然我上述的比喻未免過於誇張，但若以此角度切入去看，應該是可適用於任何場所的。

例如，日本的股東大會採用舉手表決即是非常典型的會議模式，其中包括清理會議場所，仔細規定席次，分配各人發言時間等，在在使人走上僵化的軌道上。

所以將來富有構想工作室氣息的會議，真面目應該是由舊原則，舊心聲而新原則，新心聲，如此錯縱複雜地轉換腦筋所交織而成的實質想法。

「比德武」（日本藝人）的節目充滿了構想工作室的想法

「構想工作室」的好處之一，就是能隨時隨地說出心聲、聽取心聲，只要是正式會議或討論時，在層層的原則下所說出的話，一到了我不分上下關係的構想工作室裡，也才能在會議席次上談笑風生中，悄悄地說出心聲，因為非正式才有樂趣可言。

最近在電視上非正式的講話節目大增，因為他們發現以構想工作室方式進行的構想非常有趣。

我偶而會在深夜收看比德武和高田文夫先生對談的節目。在節目之中曾出現過相當敏感的心聲、非常有趣，這是跟劇本無關的，屬於非形式上的節目。

曾有一週刊報導英國獨立報企劃過一個「比德武的專輯」，在這個專輯中比德武回答記者說：「在英國甚至公然出現諷刺女王的丑劇，但萬一我也模仿它，對日本皇室做出相同的舉動，可能會惹來殺身之禍。」又「俗話說人怕出名、豬怕肥，像我常會遭遇到黑道份子強迫要求我陪他們坐（給他們面子），或者是到處宣揚『我是比德武的好朋友。』」像這些話在日本媒體上是看不到也聽不到的。

這家獨立報也曾分析比德武人氣旺盛的秘密——「在重視同化性的日本社會文化中，比德武成為許多日本人不敢說出心聲的代言人。」果然是一針見血的分析。

像這種形式的聊天節目，最近製作方針也明顯地跟以前不同。回顧一下電視的發展史，在剛剛開始時只要在電視螢光幕上露出麥克風，就要寫檢討書的如此封閉世界裡，連播音的內容細節都要事先規定、審覈，像播音員能自由說出自己的意見，這在當時簡直是無法想像之事。

可是最近的晨間秀（morning show），卻有如電影的分鏡頭似粗糙的劇本（continuity）出現，這一幕之後，跳接那一幕即在此收尾作結。劇本本身簡直像白卷一樣，無字天書，只有主持人和來賓逢場作戲而已。這個方法非常普遍化，這也就是構想工作室的方式。

雖然這不是本題，但首創這種方式是廣播界的片山龍二先生。

在一個星期一的早上，他大言不慚地說：「哇！星期一又到了、真討厭！」四週的同事均嚇一大跳，紛紛抗議而問他開什麼玩笑，並且要他重播，改說：「各位觀眾大家早，又是星期一到了，今天是一星期開始的日子，我們快樂地迎接今天的到來。」結果片山先生反問他們：「這麼說，你們真的覺得星期一很快樂嗎？」

「當然是不快樂的，可是這電波是屬於公共財產，那能容我們胡說八道呢？」

「開玩笑，我只要一到星期一的早上，真的心想（哇！這一星期又要開始了，我非得努力工作不可）想到此心裡真是憂鬱煩躁，我忠實說出這種想法有何不可？」於是大夥兒開始議論紛紛。

結果片山先生堅持不讓步，有話直說。

由片山先生首開風氣之先，也就是所謂的說出「心聲」的播音方式終於蔚為風尚。又像電視的攝影機連後台都毫無顧忌的拍攝下來，而在那以前的原則是華而不實，虛有其表的連麥克風都不可曝光，何況攝影機更不用多說，鏡頭只要拍到背景的行人即要寫檢討書的封閉世界裡，到如今連製片人或記者也照拍無誤，這真是革命性的改變，這已不只是華而不實原則上的事情而已，在某一程度上也暴露出他的心聲，而片山龍二先生正是始作俑者。

結果是爭相出現了可透露心聲、活潑又生動的節目，同時我也看過這類節目的主題真令人瞠目咋舌的，有一次在電視節目上還提到從前是禁忌話題的「同和問題」，他們毫無顧忌的說出我們不敢說出的話，並加上解說，這個好、這個不好，且草草地議論，這些內容令人頗感興趣，像這種節目既可提升興味，又可增廣見識。

在以前禁忌領域頗多的媒體世界裡，也產生吐露心聲的「富有構想工作室氣息的文化」，值得矚目。

3 從非空洞的理論中產生務實的構想

本田公司的構想競賽審查會是在構想工作室的聊天閒談中進行的

我們構想工作室的開會方式，主要是以聊天閒談的形式下進行的。一般說來聊天總被解釋為「乏善可陳的無聊話」，他也很難擺脫給人毫無目的，想到那說到那，浪費寶貴時間的印象。可是面對構想工作室的聊天閒談，卻必須劃清界線。

例如，在某一次會議中若被要求發言的時候，這個人必須按照會議所召開的目的，沿著某一程度的邏輯去思索、去推理，在此狀況之下，受到種種限制和條件的束縛下，很難自由自在地說出平日的想法，也就是說在要說出自己真正意見之前，自己的本身構想已承受著各種重力而綁手綁腳，結果所說出的意見在原則上佔九成，心聲只有一成而已，而變成不即不離主題的意見居多。

所以如果把各種重力都擺脫掉，而採取開放性的自由交談，以「無重力的構想」來互相閒談、或構想，那麼在靠那種意識去閒談時，將不再是無謂的聊天話了。

提到會議的種類有很多種，其中有一種名叫「審查會」是有其特殊性質的，在這個會議中必須為了某一目的而將收集來的作品或人物下評估及定等級，而下評估的人本身也正受到考驗，萬一任誰看了都明顯覺得它水準很低，但卻被評估為「這件作品很了不起！」等等，令人懷疑到「那人的評審眼光有問題。」在這種趨勢的推波下，或多或少的審查委員難免會在意其他人的眼光，結果大部分的審查委員的眼光均不分軒輊，一律支持那些中規中矩，內容堅實，誰看了都覺得不錯的作品，而那些意想天開或帶有強烈個性的作品，往往是受到排擠之列。

可是之前本田公司內的構想競賽審查會卻獨創一格。我也受邀為審查委員之一，他們的會議卻是採行構想工作室閒談的方式而進行的，一開始審查時，立刻端出豐盛的佳肴、美酒、大夥兒大模大樣地喝酒吃菜，場面非常熱絡，在酒酣耳熱、觥籌交錯之餘，人人自由地說出心中的感想。例如：說這個很好，那個還差一截等等。像在當時身體還很硬朗的本田宗一郎董事長說：「我覺得那個很有趣！」而這邊的我們卻出現「不好」的反論、氣氛詳和、融洽，也有年輕的員工跑來問我：「老師！你看哪個好!?」

不久後開始投票，決定名次、萬一其中有人強力推薦卻不幸沒入選的作品，大家一致決定：「那麼，給他一個特別構想獎吧！」在整個開會過程中，年輕的員工在高興之餘還奏樂唱歌，帶動會場的氣氛至最高點。

最後在酒足飯飽、熱氣騰騰之中，本田董事長上台致辭說：「請各位應邀而來的老師上台講評，時間以三分鐘為限。」意思是說若在三分鐘之內無法說出像樣的講評的話，則下一年度即不在受邀行列之中。

像這種不拘泥於一般審查會形式的方式，且完全打破慣例的會議，這樣的構想真了不起，我能應邀出席也是一件挺有趣的事。

可是，漸漸形式化之後，也難免會產生這樣做會不會對應邀而來的老師有失敬之處等的話題出現。結果變成由年長者為主任委員、或是先乾杯再說等等，成為正經八百的會議而乏善可陳，也就是說容易變成像先前所說的閒聊因素已消失殆盡、不再出現自由、卓越的構想，對於此點要特別注意。

構想工作室中「敲門磚」的效用

據說有一位董事長為徹底實踐具有構想工作室風味的會議時，他說不管為任何問題而召集相關人士集聚一堂的「聽取意見會議」的時候，有一件事是刻意掛在心頭，念茲在茲的。

當主持人為引起與會者閒聊動機時並不是直接問：「各位有沒有意見？」而是改問：「我想如此這樣作，不知各位意下如何？」這句話拋出去而成為「敲門磚」，結果議論百出，紛紛以各種角度產生出各種的意見。萬一這時是說：「這個問題該怎麼辦？」的問法，即使與會者個個均為一時之選，說不定所提出的意見也乏善可陳。所以同樣是投石問路的問法，如果能改說成準確又具體的問話，也才能聆聽到毫無顧忌的心聲話。

為了向別人聽取意見或心聲，必須具備相當的技巧，以便收集資訊和消息。而最笨的問話方式即是讓對方能簡單回答是不是的問法。例如：「你反對嗎？」「反對」，「你是否嚇一跳？」「嚇一跳」，「你感到遺憾嗎？」「不會」。如此一問一答，你完全搞不懂對方在想什麼？

接著令人傷腦筋的是下列的問法：「該怎麼辦？」「你覺得怎樣？」以前當我遇到闊別已久的熟人問我：「最近如何？」時，我常是支支吾吾答不出所以然來，我完全不懂對方所指的是甚麼，他到底想問我的健康狀態如何，或最近出版新書內容及銷售情況如何，或家人的近況如何，他不問這些具體的問題，使我無法立即回答。

結果只能回答「馬馬虎虎」如此曖昧不明的話而已，當然這也算是一種打招呼的應酬話，在當時也無所謂，但萬一那位熟人想探知我的資訊消息，豈不徒勞無功嗎？

人們常說只有純女性參加的聚會上，必定話特多且拉雜冗長、浪費許多時間。的確在咖啡館裡常可見到一群女性只叫一杯咖啡，便長時間霸佔位子不肯走，而讓店方大傷腦筋。但我覺得若把這種女性聚會歸納為無聊的閒談，未免言之過早，因為女性的話題大多跟實際生活密不可分，而且所提到的問題也具體易懂，若能以那個話題漸漸擴大其範圍及可能性，正是與「構想工作室」不謀而合。

若以高齡化社會為例來加以說明，世上有識之士早想用圖表來表示再過幾年老人的人數會佔全人口的幾分之幾，又一名女性所生下小孩的人數平均不到二個，如此這般、相比之下女性的話題就更具體實際了。

有一位女性說：「我娘家媽媽今年八十五歲，跟她一起住的是長子長媳，他們今年六十三歲。每次當我回娘家時，我媽總向我訴苦，她為了準備三餐而弄得腰酸背痛的，挺煩的，只好每天都吃相同的東西、真傷腦筋，再說孫子已結婚現旅居海外。」結果這人所說的話成為「敲門磚」，接著人人議論紛紛而引出下列諸多意想不到的收穫。

例：「如果居家附近有照顧中心的話該多好，照護者一星期休息一次。」「如果每餐都作很煩人，何不事先煮好幾餐的量呢？」「或採義工方式，大家輪流互相負擔，若這麼不行則改收費。」「是否可以要求行政單位的援助呢？」

據說事實上從構想中而真正產生了照護中心，及每餐均送到府上的服務團體。

富有構想工作室味道的閒談是不同於一般的「井邊閒聊會」

如同會議有各式各樣的會議一樣，閒談也有許多種閒談法。例：從在路上與擦身而過的老婦人，就原地站著聊天的情況開始，到白手起家的著名財經人士之間感同身受的閒談，和極富有思考性的哲學家與科學家之間的閒談為止，其內容不一而足。

不過跟現在的年輕人談起井邊閒聊會，他們可能也聽不懂了，因為早就看不到附近的婦人聚集在井邊，邊舀水洗衣、邊聊天，說東家長道西家短，如此的景象早已不復見了。

像這種的井邊閒聊會是最典型的閒談了。例如那家的婆媳又在吵架了，那家的情況還不錯等等沒有內容的話一籮筐。也許這有利於紓解生活壓力，但從那兒是產生不出什麼創造性的東西來。另外到小吃店邊喝酒、邊罵上司，一吐為先的閒談，也許能紓解上班族的壓力，但基本上與井邊閒談會沒什麼兩樣。

能否成為構想工作室所要求的富有創造性的閒談呢？端看那個人的意識型態而定。說什麼樣的傻話及閒話都無關緊要，最重要是能從中感受到某種暗示的意識取向，除非能擁有此意識取向，否則一般的閒談大多草草結束。

在文春週刊中曾連續刊載一篇寫實作家上前淳一郎先生的『看得要』的連載。從一九八三年開始連載，當初只預定以半年為限。可是內容精采有趣，佳評如潮，連綿不墜、持續至今，一共長達十二年之久。據說這個連載的企畫源起於上前先生和朋友筑紫哲也先生之間的閒談而無意中產生的。

上前先生和筑紫先生是朝日新聞社同期進公司的同事，二人只要一見面即天南地北的聊了起來，但絕口不談工作上的事。

筑紫先生原是擔任期日新聞社的編輯委員，為了某事而受到停職三個月的處分。上前先生遂邀他外出聚餐想邊吃邊聊天，以為他打氣加油。

在那次閒談中，他們聊到新聞週刊大多是刊載一些醜聞，除此之外，並沒有刊登什麼美談，但不知道若刊登一些扣人心弦的話，是否會廣受讀者歡迎。

於是上前先生舉出一個實例來，即山口百惠所著的書「我這樣的故事」及他成為暢銷書的過程，筑紫先生認為大概不至於不受歡迎吧！二人又相互交換自己所擁有的故事情節之後，一致認為跟上班族有關的故事一定更有趣好玩。

好像就是這樣誕生了「好的故事、尤其和上班族的日常生活息息相關、環環相扣，並且扣人心弦、引發思緒，及給予工作的暗示等一系列的美談」（來源是從『看得要』文春文庫版的後言中節錄出）。

在激烈巨變的社會裡，尤其是走在時代先端的週刊，其連載的內容竟能持續十二年之久，談何容易。可見當初的企劃有多出色、動人了，而如此出色動人企劃案，卻出自於擁有某種意識取向的二個人之間的閒談中所產生的。

從前的會議其目的只在維持及誇耀經營者的權威

積水化成品工業公司的前董事長福本正雄先生，為會議下了一個定義：「會議即是容易使人誤以為是工作的禁藥，就算是跟敵人面對面也無法一決勝負的懶人會議。」

另外產業效率專科學校的川勝久教授，曾經調查過包括董監、經理、科長等三百多人，想了解到底他們一日平均花多少時間在開會，結果發現幾乎在上班的十個小時之間，要花費四個小時去洽公、開會等。

然後又根據別的調查報告得知：日本的經營者一日平均出席二次的會議，美國的經營者則平均參加四．七次的會議。只是日本的會議時間冗長，常使與會者疲憊不堪。

我也經歷過當初任職的大學教授會議並身受其害，所以我了解日本全國各地浪費大量的時間於開會上，如果說能把被浪費的時間挪作休憩、旅遊之用，還可恢復體力增加活力，豈不更好。但是很多人並沒有發現這一點，再說許多的經營者，仍堅信「會議是無比的重要」，而落入萬劫不復之地。

我的好友也是一位經營者，只要在經營上出了任何問題，立刻會召來親近的心腹及好友所組成的智囊團，名義上是「協談」，但實際上卻是他一個人在演「獨角戲」而已。表面上他會問：「你覺得怎麼樣？」其實給人的感覺只是自問自答，可見得他的重點並不在徵求對方的意見，而是要對方聽他說，藉機整理自己的思緒。因為有些問題和疑問，如果只有一個人獨自思索時，無法有效釐清思路，但若改為傳達給別人的過程中，將有如浮雕般顯現出問題的癥結所在，而進一步掌握住解決的對策。這種作法若能發揮其功能，尚無可厚非。

但相反地，社會上的經營者有召集員工來開會，卻看他一人大演獨角戲者，比比皆是。聽完的員工說：「哇！又來了。」卻不敢中途離席只好忍下來。在這種獨角戲裡，一個人滔滔不絕的透露心聲，並自我陶醉在其中而樂此不疲，在他的內在意識裡隱藏著一股展現及誇耀經營者的權威心理。

在那樣的會議裡面，絕不會公布所有的資訊消息，只提供極少部份的消息而已，他只想給員工們建立起一種共識的錯覺，他們是絕對不會把頭號秘密透露出來的，也唯有如此才能維持他的權威於不墜之地，而有錢有勢的人們靠著管理統攝資訊消息，而得以維續其權威王國。

以前東德為例，不管政府當局如何嚴格封鎖資訊消息，也無法阻止來自衛星電波傳送的電視畫面，而目睹到電視畫面的東德人，很快就得知真相，並且心想：「政府雖然一再地貫輸錯誤的訊息給我們，但以電視上的新聞報導知悉西德人們開著是豪華轎車，住的是洋房，生活好不愜意？」於是東德人積壓已久不滿的情緒，終於按耐不住而爆發了，很快地柏林圍牆崩潰瓦解，終成歷史名詞。

再舉另外一個淺顯易懂的例子加以說明，即古時的工匠或藝人的領域裡，一個工匠師父絕不輕易向徒弟透露他的精采絕技、看家本領的，他只說：「我的技藝是偷來的。」意思是說想向他學的人若不努力全力以赴，根本是學不到的，其實這只是一個原則問題而已。

他真正的心態是如果輕易傳授絕技給徒弟的話，師父的權威會顏面掃地，且會危及他的經濟命脈，所以必須拚命維持其管理統攝資訊及消息的權威。

可見得，一個經營者愈想藉由管理統攝訊息來鞏固其權威時，在這樣的公司會議中，是不可能營造出自由自在的氣氛，也無法突顯獨特創意的構想。

獨創技術從「吵鬧主義」、「閒聊會」、「立體會議」（站著開會）開始

社會上一些具有生產力的公司，他們到底是如何開會的呢？

前面剛提到過的本田公司，他們是儘量不開流於形式化的會議，那他們到底開什麼樣的會議呢？據說是如果有某種必要性才集合這些必要的人們，以吵吵鬧鬧，七嘴八舌的方式開始講，這樣作或那樣作，這跟我的構想工作室不謀而合。我們叫他為「吵吵鬧鬧」也是會議的另一代名詞。

當遇到感覺不對勁、或想找人出個主意、或發現什麼有趣的事情時，只要呼朋引伴的說：「我們來吵鬧一番。」結果同事們紛紛聚集在一起爭相問道：「什麼事？」「怎麼啦？怎麼啦？」於是就此展開一個非常務實有用的會議。

有一次我到一家獨特的期貨公司時，正聽到員工們說要召開「按摩會議」，於

是我問他們這是怎麼一回事？對方回答說對於該檢討的問題方案，進行「揉搓按摩」一番，挑剔的說這也不是，那也不好的，於是我們稱他為「按摩會議」。

雖然我沒有親臨會場，不知他們實際上是如何開會運作的，但從他們的取名上不難推測那是一種自由活潑的互相提出意見的閒談會。

另外又有一次，我到另一家家電公司的文宣課，我看到許多員工到處站著閒談，結果連路過的人聽到後還插嘴說：「關於那件事，我覺得……」在那種熱絡氣氛下，那家公司給我一種生氣蓬勃的感覺，在那你嗅不出一絲沉悶的氣息，當時我覺得這股勁也就是那家公司的許多部門漸漸成長茁壯，銷售額也大幅提升的秘密所在。

另外，最近還不斷地增加所謂的「立體會議」。什麼是「立體會議」呢？簡單地說即是站著開會。像公家機構也採用此一方式開會，甚至有些地方只放桌子，不放椅子就是方便此會的召開。

其實並不需要到如此地步，只是按照此要求隨時「站著閒談」。而「立體會議」的真正意圖只是把焦點瞄準在極度縮短會議的時間，同時也要求必須務實地開會，以避免陷入僵化的形式主義的會議形態中。假如一個人安安穩穩地坐在會議桌前的椅子上，也不一定會想出好的構想來。就像下棋一樣「愚笨的人想不出好主意來」

，這個笨人好像在思考的樣子，其實他只是讓腦筋休息而已。

但換了站著閒談，時間無法拖久，所以無形中把人趕入一種緊張狀態，非簡潔扼要的講述要點不可，於是不期而遇的想法，竟然產生出意外的構想。

那麼何不乾脆廢除會議的名稱，而直接改叫「聊天會」、「閒談會」、連「會議室」的名稱也可以更改一下。其實在電視上也曾經介紹過有這種公司的存在，雖然具體的名稱已記不得了，但是已不再像以前的會議室或會客室，而改為「聊天室」，有些灑脫，有趣的名稱，這也許是把會議室的名稱廢除掉的方法之一。

採用構想工作室的會議是最理想的「腦力激盪」法

在需要提出創造性方案的會議之中，因為心想怕被別人說成「傻裡傻氣，沒創意」或「乏善可陳、沒內容」等等。結果心裡所想的，連一半也表達不完整，這種情況意外地頗多。

而「腦力激盪」的根本目的，即是要製造更多構想產生的絕佳氣氛，所以「腦力激盪」（以下略稱為腦盪）基本上是一律禁止任何的批評、我們常可看到提不出好的腦盪，至於理想的腦盪又是什麼呢？

首先第一要點：如前所述，想到什麼就說什麼，就算是怕別人笑傻、或是負面的意見也不要去管他，要有不分皂白到提出豐富可觀的構想程度為止。

接著，萬一在其中發現有那些構想，頗為有趣、馬上要偷過來，據為己有，並且再提出新構想或改想別的想法。例：「如果是那樣，萬一改成這樣有何不可？」所以最理想的腦盪即是把構想偷來偷去，像核爆一樣無限膨脹下去。而實現一種思考方式的核爆狀況，才是最理想的情況。

現在你覺不覺得這狀態跟什麼非常相似，不錯，他正是與「吵吵鬧鬧」氣氛的昇華為閒談是同一狀態的，只是碰到這種場合時，一般均難免會形成不斷擴張的話題，叫做擴散型的思考，這時需要有冷靜判斷的收斂型思考才行。

當腦盪時，每一成員最好能具備某種思考的技術，例如需要下面二種人，第一種人即是當對方說什麼時，能想出完全相反論點的人，而第二種人即是當會議進入精采狀態呈現出腦盪的狀態（即各成員的氣氛昇華到一種全面動腦的狀態時）能提出例如說：「有開如此會議的必要嗎？」在基本上懷疑會議本質的人，當具備這二種能力的成員聚集在一起時，將會提出了不起的關鍵性構想。

下面提出一個腦盪的有趣例子，那是有關於石油危機的故事，有一家公司想削減女廁的自來水量，以作為節約能源的對策之一環。

於是他們以「女性上完廁所均有沖二次水的習慣，而該如何使她們改沖一次」為課題，讓員工提出構想、對策，而收集到相當有趣的答案。

其中下面是比較實際的答案：「播放水流的錄音帶，或是背景音樂」、「改建為具有隔音效果的洗手間」、「馬桶內放置有吸收聲音的海棉狀物質」、「廢止用手動沖水的設備，而改用男性常見的每隔一段時間自動沖水的設備」、「一次只能沖水一次，之後的五分鐘內不能再沖了」、「洗手間的進口處改為交錯型的入口（使人不知是誰在使用，所以不在意）」。

還有一些雖然不切實際，但卻是很獨特的構想。例如：「企圖用大聲唱歌、敲打房門或咳嗽等瞞住聲音」、「不讓女性員工喝茶喝水」、「改變她們的觀念把『女性的含蓄』改為『發出大聲』」、「改為老式的舀糞式廁所（也就沒有沖水的必要）」、「戴上耳機或隨身聽（主要以自我意識的問題為主所致）」。

於是把這些構想匯集在一起呈給董事長裁示，然而董事長卻有他的意見，他認為「這跟男性站著如廁感到一股爽快感一樣，女性藉由沖水時水花飛濺而有解放的感覺，如果能因此解除其壓力進而湧上工作熱忱，那是最好不過的事，至於區區自來水費則不足掛齒。」而以董事長意見為依歸就此結束了整個討論，這也算是一種構想。

4 在擁有不同構想的人互相刺激之下，才能產生出相得益彰的產品

構想工作室使一個人的智慧一加一不再是等於二，而是五或十

我有一次單單只挑選銷售最佳的電視廣告的製作人進行訪問工作，在我走訪將近十家公司之後，我發現他們有幾個共通點，首先能推出充滿活力、銷路佳的電視廣告、一般都是績優公司，因為推出的廣告相當成功，而使公司商品銷售量大增，進而業績也扶搖直上、大幅成長，這二者是環環相扣、相輔相成的。但我覺得其中最大的因素是因為他的企業體質佳，所以能推出充滿活力、頗受好評的廣告，進而帶動公司業績往上攀升。

接下來的共通點是他們的電視廣告的製作過程均非常簡單，甚至還有自以為是

或別有用意等。這些績優公司均有其獨特的製作決定過程，即時間短而快。

通常在正常的公司體制裡要決定一件事情時，大多以開會討論、互相協議之下而決定的。凡是基層組織所決定的事項必須經過所屬單位，層層上呈而交付會簽、再由擁有一定權限的決策單位按其事項之重要性而加以批示。以電視廣告為例，先由承包的廣告公司所決定的作品，經過公司文宣部的討論之後，以候補的作品中鎖定數件作品，然後經過部、局由下往上的呈上去，最後到了董事會議才作決定，像這種決定方法是根據公司組織草法而擬定的，而且是有民主性的作法。

可是很奇怪，以這種方法所決定的電視廣告卻不太暢銷，而反觀今日許多暢銷、頗受好評的電視廣告，均是以完全不同手法所決定的作品。

例如：一家賣殺蟲劑的公司，由文宣部著手以候補作品中選出自己認為是最好的作品，並且無視於公司組織規則的存在，直接跳級上呈給董事長親選，並由董事長最後判定之，以最佳者去上電視。這種以個人自以為是，自我寡斷的決定，而不經過正常的開會中多數人決定為決定手法。

聽說這樣決定出的作品，在事後得到認可的涵意上，也就是在董事會上討論時，愈是有人持反對意見者，例如：「不登大雅之堂」、「有損公司形象者的廣告」

，也就愈暢銷愈叫好，由此可見得廣告的內容非突破社會道德、常識之約束，否則是構不成好廣告的要件，另外如果改採行的是現在要「聽取各位的意見」以這樣協議制度來徵求廣告的話，則高品質好的廣告作品是無望了。

其實也有董事長一人獨斷地決定作品，但是對於推出作品的過程是非常重要的，我曾聽過許多經手過暢銷廣告的企劃人說，這些暢銷的廣告當初很少是經過會議上決定的。本來這些公司在以前也是採取讓一群企劃人各自提出企劃案，然後交付會議上討論，但是這樣的效果不彰，才改變方式。

所改變的方式是雖然企劃人在事前均心中有腹案，但並未直接提出具體企劃案來，只不過是先透露心中的想法而已，而且在會議中也不採用各自發表作品的方式，而是改採沿著幾個主題自由的各自發表意見的方法，據說自從改採這種方法之後，所推出的作品均受到顧客青睞，佳評如潮，來買廣告企劃案的顧客也大幅成長。

而我的構想工作室也採用同樣的方式，因為由各人分別提出方案的協議式會議中，例如十個人提出的方案，頂多只有十個方案而已。但換作構想工作室的話，把十個人的想法放進了閒談的範疇中互相激盪，而膨脹為五倍、十倍，變成十乘十等於一百個方案的產生。

自古即有「三個臭皮匠勝過一個諸葛亮」的說法，而諸葛亮等於是智慧的化身，他的智慧之高是凡夫俗子所望塵莫及的，所以只要三個人的智慧合在一起，也就接近於諸葛亮的智慧了。但如果是三個人各自的想法是比不上諸葛亮的。

最重要的是「集合在一起」，三個人站在各人獨特立場上，互提意見、互換資訊，連凡夫俗子的智慧也會變成諸葛亮的智慧，所以俗話說「三個臭皮匠勝過一個諸葛亮」，可以說是最能彰顯構想工作優點所在。

基本上構想工作室不再是「對論」而是「討論」

每當政權交替、首相換人時，人民均期待「這次的國會質詢中一定會有精采有趣的戲可看」，但每一次都讓人民大失所望。為什麼國會的問政質詢內容均千遍一律、枯燥無味、毫無人情味可言。也許有人認為在政治舞台上人性化是多餘的，但我總覺得為了成為使人民更淺顯易懂的問政風格，國會問政應該要更能引起人民的興趣才是。而另一個國會問政缺乏趣味的理由是政府當局的答詢千篇一律，先預設立場的對談，毫無意外性可言所致。

而且閣員在答覆在野黨的質問時，一律是官僚式的文章，而真正的閣員意見很少見，也看不出答詢者的人性何在，這也是國會問政答詢的趣味盡失之處。

更常見的是國會問政的問題出在堅持對立意見的立場上，即為反對而反對的意見。因為在野黨一心只想扯政府（執政黨）的後腿而已，所以詰問時大多充滿火藥味。但最近日本的執政黨與在野黨角色互換，反客為主，結果立刻產生明顯變化，以前攻擊訴求一變而為辯解的題材，而以前找藉口的理由反成為攻擊的焦點。例：社會黨對於ＰＫＯ（Peace Keeping Operation 和平維持活動）的意見即是典型的例子。當社會黨還是在野黨時所採的是牛步拖延戰術的強烈杯葛動作，如今物換星移身為執政黨之後，一改為積極的推動政策。

可見同一個政黨，因立場改變連帶主張也跟著起變化。所以現在的國會現狀主要因國會對立立場而導致政黨不得不如此，只斤斤計較於打擊對方為主力，甚至於議論內容反成為其次，只為反對而反對。可是政治家應該非常清楚的認知到這種意見對立，徒然使人民對政府產生不信任的感覺而已。

構想工作室也是一樣，如果形成了意見對立的場面時，是難以期待他會發生效果的，因為一心只想打擊對方，而搞得精疲力竭，當然想不出新的構想來。

唯有透過交換意見，鎖定新的結論這才重要，因為構想工作室重視的是「討論」而不是「對論」。在電視上的討論節目，其意圖大多是明白突顯出意見對立，而且出場者在尚未登場前，均已劃分好其立場色彩，頭一個出場是持贊成論，接著進場是持反對論，然後依序魚貫而入，最後入場者才是主持人。

他們的席位大致分配如一個大會議桌，主持人的左邊坐贊成論者，右邊坐反對派人士，首先由主持人指定誰先講，然後依序陳述意見，但一人說完正方意見之後，反對立場的人於焉展開反駁，如此你攻我守的場面持續不停，但這並不是結論。

相形之下，這種節目的意圖只在以強烈擊倒對方的痛快感來取悅觀眾為訴求。而主題大多提到ＰＫＯ自衛隊、憲法等日本全國重要的國是論談，而且明顯劃分立場的情況特別多。但大多以強烈的意見對立而草草作結，根本引導不出任何前瞻性的建言出現。這種意見對立的討論，或許由第三者看來頗覺有趣，但是得不到具體前瞻性的結論，對於好不容易有機會大大議論一番也顯得毫無意義可言。

關於這一點，我的構想工作室說不定給人的印象是毫無軌跡可循的閒聊，但他不同意無政府狀態式的議論，他聽取對方值得贊同的意見，反對不能同意的意見，從中鎖定新的結論，這才是議論的本來方式。

第二章

到處都可形成「構想工作室」

1 儘量多在不同的場所建立構想工作室

分配席位、發言順序的會議不會出現創造性的構想

當董事長說：「今天這個會議開放給大家，各人請提出不同的意見，某某先生，你有沒有好的構想呢？」於是經理也隨意問道：「某某，你最近有沒有想到什麼好主意呢？」那些上司們說來也太樂觀了、誤以為只要召開會議，就不怕屬下提不出意見來。

可是在那樣狀況之下，根本很難產生出創造性的構想，因為構想又不是一隻母牛，只要用手一擠，牛乳即出來。創造性的構想那是那麼簡單可產生的，為了要引出構想，必須要作適度的調整，首先第一個條件是要有自由交換意見的環境。

下面將列舉出五種常見的不良會議，這是常發生在過去舊式會議的情況，且會使公司瀕臨倒閉的會議。請各位讀者回想一下在自己公司所召開的會議中，有此感受的人一定不在少數。

●不良會議之一：席次固定的會議

例如：當會議開始時，員工們早已就坐妥當，而後股長一面說著：「各位抱歉，我來晚了。」一面走入會場。過了二、三分鐘，只見課長慢條斯理地步入會場說；「非常抱歉，我到董事長那兒去了。」最後，姍姍來遲的是常務董監。以如此固定席次模式所進行的會議，根本無法產生出好的構想，因為員工們的鬥志早已被消弭殆盡。

而且我們可以常見到當公司須要定下決策時，在經過員工們熱絡的爭論研討時，連董事長也一併加入討論行列中，甚至是不惜花費了數十個小時以上，最後仍敵不過總裁輕描淡寫地說：「那樣根本不值一提！」就此前功盡棄，所花的心血也全部泡湯。結果開會的真正意義便消失於無形之中，取而代之是一種應酬式、敷衍的心態，在這種會議之中，特別容易出現馬屁精型的員工，也就不足為奇了。

●不良會議之二：單單只辦理手續，徒具形式的會議

亦即專門只辦理一道手續來決定公司集團意識的會議。

像這種會議，就只是為了讓大家參與決定過程所召開的會議。在形式上舉行經理、課長會議、董監會議、常務董事會議，也是這組織在決定意向的一道手續而已，所以要議決的事項一直是被保留到會議結束為止，這樣的會議不管召開多少次，一律不能帶給公司任何實質效益。

●不良會議之三：尋找探究「集團・標準」(Group standard)的會議

所謂的「集團、標準」(Group standard)說明如下：

在美國有一位學者謝立夫先生曾作過一個實驗，這個實驗在心理學上我們稱之為「自動運動」。首先在一間伸手不見五指的暗房中，有一小小的光點，當我們眼睛目不轉睛的凝視著這光點時，並隨著它的轉動而移動我們的目光，結果發現一些有趣的現象。

關於這個實驗內容是說：先選定三個人，然後一個個分別進入暗房中注視這光點，結果光點所移動的範圍因人而異。他們三人的個別報告也均不相同，第一人說光點移動範圍在十公分左右，第二人說是五、六公分，而第三人則說大約二、三公分而已。

可是後來三人一齊進入暗房內，並准許他們互相討論一番，例如：「哇！靠右五公分」、「喲！靠左移三公分」……經過三人討論之後，再加以整合三人意見，並歸納出以三人之間的中間數據為最後判斷的標準，即為五、六公分。

像這種集團的想法，大部份是鎖定在平均數值上，而這種集團想法也就是「集團・標準」(Group standard)的想法。而非常有趣的現象即是一旦形成了「集團、標準」的想法之後，再讓個人分別再度凝視光點，意外發現每個人均會執著於平均數值。

那麼在這集團的想法裡，大家的意見必定落在不偏左右的中庸立場上，同時也會令人產生一種錯覺，彷彿他的竟見一開始即是如此。這也即是集團匯集意見的特質，所以一旦在會議中產生了這種心理作用之時，只要是走兩極化的意見一律會被排擠在外，就算那個極端意見具有革新萌芽的可能性，也照樣被排斥，最後仍是鎖定在中庸意見上，而呈現出不偏左右的結果。雖然整件事情獲得了平安無事，合乎中庸的結果，但此一結果卻非常不利於創造、革新的萌芽。

例如，我到公家機構去演講時，他們會要求說：「公家機構內充斥許多冥頑不化，腦筋僵化的人，希望你能講一些有助於他們改善此毛病的方法。」遇到此一情形，我通常會告訴他們說：「極力避免左顧右盼，或者轉身向後看。」什麼是「轉身向後看」，即看過去的前例是如何對應的。什麼又是「左顧右盼」呢？也就是看別的單位部門是如何處理的。

所以由此可見的在公家機構裡，人們最容易尋找平安無事的路，也即是「集團、標準」的路。因為是平安無事，合乎中庸，自然無人會去抗議、排斥，只是他不可能產生出革新和創意來。

●不良會議之四：為了提建議、立共識及探究對方的心意所召開的會議

在開會之初即放出刺探對方心意的風向球，並看看對方作何反應，若眼見對方不反對時，就放手全力一搏，這是一種討價還價式的戰略會議，通常在兩國之間的外交交涉會議中，一律採用此法。

至於在商場上生意的交涉，例如：如何使對方屈服、或為自已爭取到較有利的條件等等均適合此法。

●不良會議之五：即首腦心血來潮或只為滿足自我所召開的會議

有些公司的首腦會心血來潮的召集大家開會，而在會議中所講的不外乎是提及他的「當年英勇事蹟」，或是「我的公司經營方針是什麼」等等八股、老掉牙的事，那些來開會的員工們，難免大嘆真倒楣、又要聽訓，個個掃興不已。如果真為此而打消工作幹勁，那麼開會還有什麼意義可言。

在構想工作室中的發言重視的是「隱姓埋名」

以前我曾嘗試要看看心、身二方面是如何運作，連絡的，結果我以自衛隊（日本軍隊）的人為實驗對策，首先是目測其體格、臉型、外表等，最後才以自我診斷的方式來測驗其性格如何。像這種測驗，各位讀者一定曾體驗過，也就是他的機會主要是被設定在問卷項目的「積極性」上，上面分別有「大大有、有、普通、沒有、幾乎沒有」的選擇題，要你從中圈印一個答案「〇」。

可是那次的實驗結果卻是令人大失所望，因為他們對於壞的答案選擇，幾乎不打「〇」，任何的答案幾乎是落在好的選擇上作「〇」的記號、原因非常明顯，因為那次的問卷是採用記名方式作答所致。

當然在作問卷之前，曾事先向大家宣布「這次的實驗結果，絕對不會透露一點風聲給你們的長官」，可是他們仍是畏懼不已，深怕不知在什麼時候會被洩露出去，而給自己帶來壞的評價，所以一律在任何項目上打「〇」。如今回想自衛隊員身在嚴格、規律的組織中，也是想當然的心情，但當時會規定採用記名方式，其目的不過是只想使那次實驗中的性格和體格的數據能一致而已。如今後悔當初應改採以英文字母為代號，而不必透露出真名才是。

同樣是作這種性格測驗，採用記名及無記名兩種方式，其所得的結果完全不同。日本人從小就生長在管理化的社會中，所以這種傾向特別強烈，只要是曾在學校作過性格測驗的人，就會感同身受，不管校方如何信誓旦旦，不會反應在成績上面，但就是很難會在不好的選擇題上打「○」。對日本人而言，沒有一件事比得上被自己所屬的組織定下負面評價，這件事來得更可怕、嚴重了。

所以，這種恐懼普遍存在於任何的會談中，而形成心中的陰影，不易揮開。不管上司如何保證「發言內容不會影響到工作考績」，員工們還是很難開口說出真正的心聲。如果上司沒有出席會議，只召集同年代的員工開會，即可期待員工們活潑熱絡地發言，但美中不足之處是仍無法抹去「被打小報告」的恐懼心理。

因此，人們很難自由說出意見的最大原因，是因為對於負面評價的恐怖心理作崇所致，如果想完全抹去此種恐懼心理，除非所有的與會人員均蒙面出席，甚至連聲音也改變的蒙面會議，除此之外別無他途，他要一〇〇%按照上述方法去進行也是辦不到的，所以要極力重視隱姓埋名的重要性。

首先儘量排除一些負面因素，譬如會中使用錄音機或作速記等會留下記錄以供考查的事項，一律不准使用。萬不得已須要作議事錄時，只需簡單記下扼要和關鍵處，待會後再由全體出席者加以追認即行。

但最重要的一點是各成員之間的信賴感，萬一缺乏信賴感，不管花多少心力都是徒勞無功的，尤其是對首腦人物的信賴與否更形重要，若能把一個人人均可信賴的人物鎖定在領導地位上，那麼首次的「構想工作室」可以說大事抵定了。

構想工作室也可是整理「無法整理思考」之時

在前面曾提過，每當公司董事長要開始思考事情，便召來心腹或熟人朋友，名義上為洽談公事，事實上有一半以上是演獨角戲，其目的只是借機整理一下自己的思緒而已。同時這也是構想工作室不可錯失的好方法之一。

常會發現獨自一個人在思考時，有如進入迷宮一般，在同一地方打轉而不自知，甚至看不清出口在哪兒，其主要原因是因為無法整理思路所致。

遇到這種情況，找個人聊天是最好的方法，往往會出奇不遇地一下子找到出口，也出乎意料整理好思緒，也是司空見慣的事。

這種方法跟精神上有煩惱，有問題的人去求助於心理顧問的方法是如出一轍的。所謂的心理顧問者即是心理專家手上拿一面鏡子，讓對方多說話，引導對方直接說出心中的煩惱及想法，而心理專家則照單全收。

結果對方在鏡中看到自己的真面目，「哇！原來我是這副德性，為了這事而大傷腦筋，真是不值得！」在他講完話不久，慢慢地自己也找出解決之道。

例如：「哇！原來你就在那兒進退兩難的。」對方回答：「是啊！」如此一來一往，在經過了專家的提醒：「為什麼此事會令你困惱不已！」「原來你並沒有發現這點！」之後，自然而然靠自己的能力想出解決之道，而治好自己的心病。這叫做「非指示療法（Nondireetive theropy）」，即一手拿鏡子說：「你看，這就是你真正的面目」，把對方的心意真誠地反映在鏡子上面如此而已。

相反的從前「指示療法（directive theropy）」，即是直接告訴你要這樣做，你要那樣做，你這裡錯了，或是你應改善你的弱點，如此這般，雖然在接受輔導的當時，心中十分清楚明白，但不久又恢後原狀，故態復萌。

由此可見唯有非指示療法才能使一個人發現真正的自己，進而矯正錯誤，不再走回頭路。

一般人們在思考時，在腦中是運用言語來思考的，所以找別人閒談時，由對方所發出的語言，刺激自己的腦部，而這種刺激愈多愈好。

因此若想整理很難整理的思緒時，需要用語言的刺激來作為催化劑，那也是構想工作的閒談方式有效之處。

構想工作室的好處是每個人均可帶回獨特的「收穫」回去

遇到某些聚會只有籠統的目的時，大家在閒談中所說的話大多是言不及義的，並無法深入體會出閒談的真正樂趣。

我曾參加過已故自民黨議員小坂德三郎先生的聯誼會，但當初此會召開的目的是「為小坂先生抬轎，促其順利當選總理」，只要目的消失了，聯誼會也失去了其維續的必要性。但當時與會人員莫不是一時之選，大家均相談甚歡，甚至覺得把這個快樂聚會解散掉，豈不太可惜了嗎？後來大夥一致決定改為午餐會，自從改為午餐會後，氣氛更為融洽和樂。

這可能還是因為是以閒談為主要話題，並不鎖定任何一個目的所致。也就是很多人均能在各種話題中找到自己獨特的暗示機會也增多了，並可得到活用在自己工作上的素材，且各自帶回獨特的「收穫」而歸。

像以前為了想把小坂先生推上總理為目的所召開的聚會，在基本上與會者的腦中，總是似有似無地受到牽制，雖然仍是自由交談，但總是不如現在既活潑又自由的交談。並且從那個會中每一個與會者不管在質與量上，或多或少能帶回家的收穫均會降低。

此一收穫並不是特別指在工作上的暗示或是思索而已，而是人人有了「哇！原來還有這種想法。」或「果然這種生意也很有趣」，這種「意外的想法」即是一種「收穫」、只要個人覺得有趣，也就是收穫。

而且凡事對收穫愈有意識的人，其收穫也就愈多，因為他再也不是漫不經心地閒談而已，而是對自己陌生的領域感到興味盎然，且充滿好奇，於是也愈能深入去思索，再說這種類型的人，大多是屬於「工作能幹」型的人。

有一次，我跟一位企業經營者談到人材培育時，曾把員工粗分為二種類型：A是「專心一意型」，把自己埋首於自己工作角色中，並全心守住自己的辦公桌，這種人說好聽是對工作非常忠實盡力。相反的是B「非專心一意型」，經常盲目蠢動，喜歡到別的部門去多管閑事，屬於「串門子型」。

可是根據那位經營者的判斷，反而是B看起來工作能幹，在某些涵意上這是極其當然的事，因為B把別的部門及他人的工作當成一面「鏡子」，從中反映出自己的工作情況，雖然這並不是旁觀者清，但對於他人之優、缺點及問題癥結所在，看得非常清楚，同時還看出自己和別人相關連處，並從此關連處對照之下，更能看清自己工作的問題所在。B把這一切都反射到自己的問題上，換作是我也會如此做。反過來說全心守住自己辦公桌的人也就是那種「設法發現問題的典型人物」。

所以，經常充滿好奇心，甚至連別的單位也不時插上一腳、串串門子的人，其能從構想工作室的閒談中所獲的收穫也愈大。

無法成為構想工作室的有國會、審查會、教授會議等

一個組織在建立之初，是經過某種必然性的確立，但若缺乏長期持續的批判時，遲早會走步上僵化、形式化的下場居多。因為當初所謂的必然性，只能算是在那一時代背景中所具備的必然性而已。而時代不停遞變，那一時代主流對事對物的看法和範例（paradigm）也隨之更換，甚至連價值觀也跟著轉變。

從二次大戰後又歷經了五十年，縱觀大局，日本的民主主義議會路線已漸漸突顯出其弊端，其中以國會會議等為最。

例如：電視上實況轉播出閣僚會議在開會前的情況，其所表達出的弊端更為明顯，在開會前所有的閣僚集合在休息室（即電視攝影人員能進入至此為限），可是總理一定是最後才進入的，便往正中的椅子一坐，這個坐位順序是早已清楚排定的，例如總理的隔壁是財政部長或外交部長，並依此順序來決定位置，後來大夥兒在攝影機的拍攝下，閒聊交談，在螢光幕前秀一下之後，才準備進入隔壁的會議室。那時第一位站起者一定是總理，接著依其職位高低而魚貫進入會議室。如此無聊的形式化動作，一切均墨守成規而毫無批判性可言了。

先前提過，已故的小坂德三郎先生在擔任日本總理府（有如我國的行政院）總務廳長時，曾遇上物價波動，通貨膨脹等騷動，當時他認為非想辦法來解決不可，於是召集了包括經濟學者、文化人士、勞工朋友到媒體相關人士共數十人，開了一個物價問題調查會，我也應邀參加此會。

人數那麼多，還開什麼會呢？只見司儀（即主持人）不停地說：「長話短說」，這也難怪要如此限定，因為一個人只講三分鐘，也要花費好幾十個小時呢？

記得當時我說：「這樣的舞台戲，不演也罷！」又說：「召開這種形式上的會議，再多開幾次也提不出什麼簡單而具體的方案來，如果真要借助這些人的專長，不如去箱根泡泡溫泉，三天或四天都好，把他們統統關在那裡頭與世隔絕，分組徹底的討論，或許還可以想出一些好的方案來。」

由此可見召開這種會只是政府當局表態為穩定物價所做的努力而已，徒具形式而沒有任何實質效益，只是向國民顯現其姿態，且為此幾乎是浪費巨額的公帑。

我也曾參加其他各種的審查會及大學的教授會議，但幾乎可以說他們千篇一律是形式僵化的會議，完全缺乏創造性的閒談方式。像我們心理學系的教授會議竟然聚集了一三〇人之多的教授一起開會，甚至於有時單單為了一個學生的畢業問題，可以持續討論幾個小時。我實在是看不過去，於是冷嘲熱諷地說：「諸位教授先生精力充沛過人，那麼熱心討論一個愚不可及的重要問題。」

雖然這名學生要不要暫緩畢業也是很重要的事，但站在大局上而言，這真是一個愚不可及的話題。卻想不到一大群教授連飯都可以不吃，花費好幾小時來討論此事，只因為教授會議並沒有限制一個人發言的時間，所以浪費驚人的時間也司空見慣，不足為奇，連我都佩服不已，他們真有心。

而一般的公司終於產生了召開這些徒具形式的會議實在是無濟於事的危機感，於是紛紛舉辦午餐會、談心會及一般員工均可參與的閒聊會，可能是公司當局也自覺到建立此種會為當務之急所致。

在今日要舉辦那種類型的會議才會成為構想工作室

在某一次的市調中，曾要上班族列舉出「比較能縮短時間」的工作項目是什麼，結果按其排名分別如下：

1.找資料……………………三五・三%
2.開會………………………三二・三%
3.跟同事閒談………………二四・一%
4.等對方電話………………一八・六%
5.午茶時間…………………一二・八%

可見三個人之中有一個人認為開會時間可以縮短至少一半以上。

至於排名第三位的跟同事閒談，並不是本書中所指的具有創造性的閒談，而只是毫無意義可言的閒聊話，即「井邊閒聊會」之類。所以我們對於閒談的認識應有所改變和體會才是。

不管如何，各個公司均深切覺得召開這種沒有效率的會議，已山窮水盡非另闢蹊徑不可。於是各公司莫不絞盡腦汁、搜索枯腸一番。例如，前面介紹過的「吵吵鬧鬧主義」及本田公司也規定每週三為「拒絕開會日」，假定有非開不可的會議，也必須在一小時內結束為限。

另外也舉行不少是站著開會的「立體會議」，甚至有些公司還召開電視會議，因為是利用固定閉路電視的時間，只要時間一到則毫不留情的切斷電源，所以與會者莫不全力以赴，認真地在規定時間內，討論出結論來。

在持續性經濟不景氣影響之下，每一家公司均專心一意地進行組織架構的革新化，雖然對於組織架構進行重組更新，固然是不錯的方法。但像值勤時間改為彈性上班，不必一律硬性規定全體員工都是朝九晚五的上班，而有更多的考慮和選擇，不也是趕得上時代潮流嗎？而以工作本身為主要考量，才能更合理、更有效率的利用時間才對。日本人對這種想法原是非常排斥、不能接受，好不容易以海外引進的彈性上班制度，最近才漸漸被日本人接受。

不久的將來，拜多功能媒體發達之賜，人人均埋首於各自不同領域的工作範圍，也無需要求到公司上班，不管是在自家中或任何地方均不受限。到時是否有必要召集大家聚於一堂開會，反而必須再度檢討。若以這個觀點加以重估的話，截至目前為止所召開的所有會議中，真正具有保留價值的說不定只剩下「有創造性的閒談會」。

說不定有一天在自家工作時說：「我得去一趟公司開午餐會呢？」這樣的日子指日可待了。

2 也有邊旅行邊改變地點移動式構想工作室

當故意「迷路」時才可能得到意外的資訊

外出旅遊用餐時，不要在旅館內草草用餐了事，不妨請教旅館經營者，何處有美味可口、口碑不錯的餐廳呢？因為只要踏出旅館一步，即有新的發現等待我們去發覺。例如我每到一處陌生的街道去走訪時，必定會在街上溜達二、三個小時以上並習以為常，雖然不認識路，也經常會迷路，可是到了陌生城鎮時，只要在其街上迷路三小時之後，就自然把那城鎮的市容一探究竟了。當然由當地的朋友為嚮導，吃遍名產佳看也不錯，但絕不可能有喜出望外的新發現。所以當故意迷路時，到各家店舖去看看瞧瞧，就算站著吃也是一種探險，或找看店的老婆婆閒話家常，這才是旅行真正的面貌，不是嗎？

而平常坐慣新幹線（蛋丸列車）轉接對號車(Grecn)的人，不妨偶而改坐普通車（即無對號之車），因為改採跟平日習性不同的行動中，才可找不同類型的人交談，而得到所需的資訊。

一個人所能收集到的資訊是頗有限的，可是只要稍微下點功夫，一個人也可收集到各式各樣的資訊。例如：採取一些行動、有意的記錄下來也是收集資訊的必要步驟，我隨身攜帶備忘便條紙，在電視機旁也放置便條紙，只要看電視節目時，靈感一來即可隨手記下。

甚至連洗手間，枕邊也放有便條紙，一旦構想浮現時、便可記錄下來，成為新鮮的資訊。

因為學校是採「講義」授課方式，所以無法培育出創造性的構想

某報上曾刊載一位高中老師的投稿，內容如下：

「一些古老的銅鏡及陶器等物品，有的上面帶有非實用意味的裝飾圖案。其實就實用性而言，鏡子只需磨光一面能反射照物即可，又陶器皿能擁有裝物盛水的功能就夠了，但是古人卻賦與其複雜的圖案以為裝飾之用，他們透過各自喜好的圖案來裝飾那些古物，並且再獲得滋潤和薰陶，說不定所謂的文化指的即是把人們從生活中所發明的東西，除了給與其實用性之外，在其他各方面也深具意義及豐沛的涵養。

如今回想每當與應屆畢業生交談時，他們幾乎是記不得我上課的內容及重要關鍵處，反而記的最清楚是一些不值得一提的玩笑話，及無關痛癢的瑣碎小事而已，只要一提到那些芝麻小事就談笑風生，妙語如珠。所以身為人們的教師，其真正價值，反而是被要求在教育事業技巧之外的地方。」

提到日本學校的講義授課方式，大多是上情下達，單純為傳達資訊而已，也就是前面所提過的形式主義，他幾乎完全不考慮如何讓小孩在有趣且快樂的讀書環境中快樂地成長，這種實質面的事情均加以排斥掉。例如：早上八點一到，全體學生都得就座在課堂中，如此徒具形式的框架決定了一切，而所謂的課程標準及指導綱目都是呆板的，且重重地束縛住教學。

因此，一提到上課內容則乏善可陳，毫無趣味可言，現在大學課堂裡簡直是老師在上面講他的課，學生在下面聊他的天，但依我上課情況而言，我雖不點名，但絕不容許學生講話。

而且我再透露一個內幕消息，事實上這一整年來，我去上課完全沒有使用講義。因為我覺得學生既然沒有興趣學習，你拚命想教給學生也白費心機，再說授課的內容和範圍，只要到書店或圖書館均可輕易找到資料，並沒有什麼稀罕的，也就是說學生可以在家自修即可。

但為了彌補不用講義的缺點，必須輔以定期的測驗計算其成績。於是我告訴學生：「老師將利用上課時間跟你們談一些人生問題」，結果我真的利用上課時間跟學生談天說地，包括了人間百態、社會面面觀，整整講了一年。

想不到我的作法頗受學生歡迎，到頭來，曾聽過我上課的學生常來我這，並且說：「當時老師說過在國外有這樣的故事」，他的意思是說當初所說的話引起他的興趣，並且是促使他出國去體驗的動機。同時也等於說我的自由談話（Free talk）刺激他的構想力。

一個血肉之軀的人，對自己有興趣之事，因受到刺激而轉化成創造性的構想。

這無論是那位高中老師的話，還是我的經驗，均一語道出其箇中涵義。

3 無論是沙龍（俱樂部）或別墅只要當作構想工作室都不嫌貴

閒談更是需要充裕的時間、場所和金錢

自從我在自家的一隅設立「多湖輝研究所」以來，已過了許久，而在二年前我在東京的港區虎門找到一處好地點，於是把多湖輝研究所的總部遷移至此，其主要目的在前面提過，是想蓋一所裡面有「ＡＴＡＧＯ」俱樂部、「閒談沙龍」的構想工作室，至於他的使用方式非常靈活且具有彈性，白天利用客廳來招待客人，並可開放給各大學及出版業者作為洽公及召開小型會議的場所。

這沙龍真正發揮其功能是從黃昏開始，他本身是採取酒吧方式進行的，人們可以邊飲酒邊閒談作樂，雖然沒有裝置卡拉ＯＫ，但有高級音響，且配上名畫、綠色植物及熱帶魚等裝飾其間，企圖營造出賓至如歸的氣氛。

集聚於此沙龍的人們，包括有：學者群、作家們、企業經營者、工程師、廣告文宣人員、政府官員、上班族等，涵蓋了所有的範疇，其中有的是個中楚翹，有的新進晚輩，有人來自沖繩或東北，也有江戶佬，每個人的階級、職位及出生均不相同，卻因為「緣分」而集聚於「多湖輝研究所」。

我還考慮要邀請各界專家及講師來此，讓大家圍繞著他們一起來閒聊、主角有時是學者，有時又是正在推動計劃的企業界工程師。

而站在閒談沙龍（chattering salan）的自由發言立場上，其成效已初露端倪，至於今後如何加以培育使其更加茁壯，我則衷心期盼之。

以沙龍話題作為例子，也許有些讀者會感到懷疑「為什麼需要花那麼多金錢在閒談上面呢？」的確若只是單純提到閒談，不須花錢的方法多的是。例如：說過分一點，站著閒談也可精采絕倫，口沫橫飛的。而在公園草地上，石凳上或咖啡館裡邊喝邊聊，也可盡情充分地閒談。

可是站著閒談時間短暫，其閒談的內容只有輕薄短小而已，至於在咖啡館內受制於喝一杯咖啡份量的時間，其內容也只有一杯咖啡的份量罷了！

所以，我認為閒談內容的深淺，取決於所花費的時間，氣氛的營造及所支付的金錢是否成正比而定。

像我本身常會邀請有名人士來此演講，另外我被應邀為講師的機會也不少，在這些演講會中最有樂趣的是在會後和講師們的閒談，此時的閒談常會出現一些公開場合所不知道的內幕消息、或極端隱私的內容。

而每辦一次演講會要付給有名人士的講師高達數十萬日幣，而在會後才聽到如此富有魅力、吸引人的閒談內容卻是完全免費的。也許各位覺得何不打從一開始即進行免費的閒談就好了，何必大費周章呢？但話雖如此，若不是假借開會之名才請得到他來，也才有以後的閒談機會啊！

反過來說，在必須花錢時，不花錢，就沒有所謂的免費閒談的可能了。所以務必在金錢投下資本、準備一個適當場所，才有可能製造出具有構想工作室味道的有創造性的閒談。而我之所以蓋此閒談沙龍，即依據這種思維架構的。

要儘量改閒談的「地點」

像財經界及學術界相關人士常說：「在這盛夏酷熱的季節時，若待在東京，將一事無成。」緊接著又說：「非得去。才能好好工作。」這裡所謂的〇〇代表著輕井澤、那須、蓼科等有名的避暑勝地。又因為財經界及學術界人士在夏天大多跑到避暑勝地去渡假，你一個人留在東京也無法與他們見面，唯一的辦法是你也去避暑勝地，如此才可逮住他們的行蹤。

你也許會想誰肯大老遠的跑去渡假勝地，除非你有緊急要事非辦不可，否則等夏天一過，在東京見面不就行了嗎？話固然不錯，但刻意跑一趟避暑勝地，自有其理由，多在東京談不成的課題或生意，只要換作在輕井澤這個有名的渡假勝地，卻出其順利地談成，這也是司空見慣的現象。

而來渡假的人們也心知肚明，當你去找他們時，他並不會推說：「我是來渡假放輕鬆的、不談公事。」所以去渡假的人們各個心裡有數，打從一開始就非常清楚在這避暑勝地裡是沒辦法百分之百取得充分休息的，於是不少人反而把工作相關人士一起約到避暑勝地去呢？

為什麼在東京談不成的事，改到避暑勝地就輕易談成呢？因為人們只要到了這些渡假區，心情自然變好也是理由之一，更重要的原因是環境的改變，在許多談不成的時候只要改變一下場所，剛才的障礙便雲消霧散，令人不敢置信。

而這場所並非一定要鎖定在避暑勝地，且想在避暑勝地擁有一幢別墅，簡直有如作夢般困難，一般的上班族更是心有戚戚焉。

但如果把顧客邀請到高級日本料理店，可是無論如何話題始終談不成，卻又假藉酒癮發作了，邀請對方去俱樂部小酌一番，結果，雙方交談熱絡，在盛情招待之下，順利簽定合約，你是否有過此一經驗呢？

再舉一個比較貼切的例子，當我們找同事到小酒館談話時，結果話題結束以後即相對無言，可是若把場所轉移到小吃店（Snack）去，雙方反而話題投機，熱絡無比，許多人有過此一經驗。

像這種心理也大可應用到閒談方面的構想手法上，每次均更換場所，假如與會成員沒改變的話，特別需要改變場所，要點是若以邊吃邊聊的方式進行時，上一次若是吃西餐，這一次改吃日本料理，設法使環境轉變大一些，像東京如此大的都市、要找十、二十個能閒談的場所，也是輕而易舉的事。

4 易於從事構想的生產活動、地點和工具

在構想工作室裡最好不要有阻隔雙方的高大桌子

如前所述，只要有心到處均有構想工作室的存在，唯一要特別強調的是對環境的佈置要多加注意。

例如：場所若過於寬敞，容易使人心無法穩定、注意力散漫，所以，還是小一點的場合比較適合閒談，至於照明度，及隔音效果也有必要多留意。

像我們心理學家是以心理輔導及顧問為目的，與人面談諮詢時對場所氣氛的營造也須非常用心，如何使對方鬆懈下來，成為面談諮詢的重要因素，而周遭的環境具有莫大的影響力。因為若不用心營造環境氣氛，一個心理學家技術再高明，也無法順利進行面談工作。所以，在牆上掛著名畫，桌上插著鮮花及擺放可口的茶點是有其必要性。

那麼選在公司的會議室如何呢？截至目前為止，我曾看過數不清的會議室，但

是能讓我覺得「這地方能使人放鬆的會議室」是絕無僅有的，雖然還不到警察的問供室那種程度的緊張，但一言以蔽之，幾乎是個殺風景的地方。公司願意花大把錢去裝璜董事長室及董監室，卻偏偏對會議室不屑一顧。

如果是召開正式的會議還沒有關係，因為那是需要某種程度的緊張感所致。但若以膚淺一點的角度去看，為了使會議長話短說，不拖泥帶水的，的確是必須選在不宜久居的環境下開會才行。

可是換作閒談則完全不是那麼一回事了，他得尋找一個能適合吐露心聲的地方，這跟上面說過心理學家的諮詢（counseling intervien）需要有放鬆的環境，道理是相同的。而很多公司雖然也引進閒談的方式，卻大嘆沒有實質效果，多半是因為他們把閒談場所選在會議室中進行所致。

進一步深入觀察得知：最不適合所謂的閒談的是高大條狀的會議桌，也就是形狀細長，可坐三人的那種桌子，再配上高背椅，雖然在工作中高椅子才適合，但換為放鬆時，仍以低椅子的效果才大。

不妨試試看擁有自由調整高度機能的椅子。另外面對著高腳桌子，無形中總覺得與對面的人產生一種隔閡感，所以閒談時桌子不要高，甚至根本不要擺放桌子。

雖然在正式會議的確是須要桌子來陳列文件並作記錄，但換閒談時，頂多是記備忘錄，所以連桌子都可省略。

至於椅子不要使用辦公椅，改選客廳中的矮背椅，最能讓人放鬆，而最好是連椅子也不要，直接疊坐在塌塌米上，也頗有效果，值得推薦給各位一試的方法，既可以蹺個二郎腿，甚至累了乾脆平躺下來也沒什麼不可。

在電視會議上是體會不出閒談(chattering)的鮮活效益

在人類文明歷史上，我們遙遠的上古祖先們開始使用工具，簡直就是劃時代的革命，站在那涵意上，同樣地所謂的超級工具——電腦的出現更具有革命性意味，若沒有電腦的輔助，人類的月球之旅是根本無法成行的。

而近來電腦的日新月異，更讓人瞠目咋舌，現在電腦最具特徵的是軟體的的發達，在過去電腦領域裡，一向給人印象是耀眼的硬體設備的進步，幾乎讓人有追不上的感覺，但到如今雙方差距已在急速縮短中。

尤其在映像部門特別顯著，近年來紛紛推出電腦製圖（computer graphics）驅使電腦畫出有趣的圖案，在全世界曾暢銷一時的恐龍電影系列，在現在又重新復甦的『侏羅紀公園』等，即是使用電腦動畫裝圖的特殊攝影，否則根本無法展現出那種逼真如臨現場的真實味（Reality）。

另外，最近又盛行一時的「假想現實」（Virtual Reality），可能是因為幻想和現實的世界是渾然一體、打成一片，而最吸引人們又是希望能體驗出新世界的感覺。

通信技術也日漸起了革命性的變化，例如利用光纖維的通信技術，其優點比起以前通信方法要來得正確又迅速，且傳達資訊量又多，其中還隱藏有另一秘密，即是在不久的將來，全世界的資訊均可即時（Real time）處理且連成一氣的可能性。

實際上，美國已開發出如下的系統而且也實際操作，例如，世界級有名的鋼琴演奏家在卡內基音樂廳彈奏鋼琴時，世界各地的咖啡館裡的大螢幕均可實況轉播，甚至放置一台大鋼琴在現場，並以同樣指觸，自動演奏音樂，所以只要擺一台跟卡內基音樂廳同一品牌的高級鋼琴，無論是身在舊金山或紐約，都能同步欣賞到實況演奏的音樂。

如此，連接光纖維通信技術和電腦的多功能組合時代已來臨了，它使人產生歷歷在目，浮在眼前的感覺，雖然美國早已實行多年且不斷改良中，而日本在這方面卻足足慢了美國一、二十年之久。

對構想工作室而言，如此多樣化的資訊傳達是廣受歡迎的，反過來說也唯有具有構想工作室想法的人，才可靈活運用多功能的媒體，若是如果所有的會議均改成這種形態，也未必是件好事，最具有效果的「構想會議」，仍然是採取活生生的人面對面所作的閒聊為主。

在教育領域上，也常提到這樣的話題，如果單純只是傳授知識而已，只須驅使電腦或閉路電視，即可輕易的解決問題，但一個活生生的教師必定有他應扮演的角色，那是電腦及閉路電視所無法取而代之的。所以爭論到最後還是回到原點，必須以活生生的教師為終點，因為機械是無法醞釀出當時的氣氛，也無法形成氣候。

以彈吉他為例，只要按某弦發出「ㄇㄧ」的聲音，相對地另一開放弦的「ㄇㄧ」也會同步振動，這種現象稱為「共鳴」。而且這必須在空氣中才可產生的現象，若在真空中是無法產生共鳴的現象。以現實面而論，當場的空氣即具有此種涵意在內。

又例如在電影院觀看大螢幕電影時，一遇緊張恐怖的情節時，觀眾均屏息以觀，而碰到好玩逗笑的鏡頭則紛紛捧腹大笑，若看到悲哀感人的畫面則不時傳來低啜飲泣之聲，雖然是全然陌生的人集聚一堂，也會在無意中形成當場的空氣，並經由此空氣而獲得共鳴，進一步油然產生感動。這是在家中一個人寂寞地觀看閉路電視時所體會不出的「氣氛」。

在創造性的會議中，這種鮮活臨場的氣氛，扮演著很重要的。角色雖然毫無疑問地我們能把電視會議靈活地運用在眾人組合而成的網路構想工作室的方式之中，但是為了不輕易忘卻人與人面對面互相刺激的構想工作室的原始精神，還是要時常回憶起一群活生生的人集聚一堂閒談的重要性。

例行公事(Routine Work)雖然無法觸及根本問題，卻是最適合於閒談

有一次，我到一個風評不錯，且最能掌握一般百姓鮮活逼真表情的攝影現場去參觀，他所拍攝的對象是在偏僻的農村中，由一群農民演出的歌舞伎(日本古裝戲劇)，那攝影家一一捕捉到演戲的農民及看戲的村民臉上所有的表情，且均收納入照相機中，其中給我印象最深的是照團體照時。

也就是當散場時所有演出者，佩戴戲服站在舞台前，排列整齊，按照傳統式照團體照一樣，攝影師在按了幾次快門之後說：「現在要拍最後一張了」，也不知誰說：「大家笑一下」，於是農民們均擺好姿勢，攝影師按下快門說：「拍完了，謝

謝大家，辛苦了。」聽完此話，所有演員作勢準備左右散開，說時遲那時快，只聽到一聲「快門聲」。

日後在雜誌上刊登的正是那瞬間所照的團體照，待我拿起仔細觀看，才發覺那張照片真的把演完戲農民那種鬆懈心情及獲得解放的表情，表現得淋漓盡致、一覽無餘。一般人面對照相機難免會緊張、不知所措，結果拍出的照片大多是做作的表情而已。當然攝影師也心知肚明，為此費盡心思，不擇手段，為的只想拍攝到對方獲得解放的自然表情。

這是一種技巧，如前所述的，例如對方一聽到「拍完了」這一訊息，從表情中馬上失去了緊張感而露出本來的真面目，同時刻不容緩地被納入鏡頭之中。

這在閒談進行方式中也同理可證，不管主持人說：「有意見儘管提出來。」或「讓我們推心置腹，透露心聲。」在開會大庭廣眾之下要一個人吐露心聲談何容易。最好的證明是在社會中的正式會議或例行公事的談話中，你絕對感覺不到一個人的真心或是人情味。而日本人最不擅長在公開場合道出自己的問題，及說出真正的心聲話。

有一位美國實業家評論日本人缺乏自我的主張，他說：「日本人擅長處理一般例行公事的事務，卻拙於表達自己的意見。」甚至還說再沒有像日本人那麼擅長的分別運用心聲（心中想的）和原則（外表做的）的民族了，因此解析說明日本人遣詞用字的真正涵意的書，在歐美各國風行暢銷，其理由就在於此。另外在日本現在很流行事先洽談、溝通的行為，這也是因應日本人不擅長在正式場合中推心置腹，說出心聲所想出的碩智之一。

由此可見，在日本是非常必要成立一個能互透心聲，進行高品質的自由閒談會，以日本人而言，這是需要某種技巧性及多方考慮周到才行。

根據某位社會學家所說，在北歐社會裡，一個丈夫在公司下班後，若沒有直接回家。他的妻子可以依據此理由向法院訴請離婚，而這位丈夫也不得抗辯。因為對於北歐人士而言，下班時間一到，從工作中解放開來，剩下均為個人私有時間，且是服務家人的時間，萬一沒有服務家人或妻小，將被認定為欠缺親情觀念的人。

若照此標準來衡量日本的上班族，他們到了北歐全都成離婚的訴求對象。

但是在日本的工商社會中，最受重視的時間反而是下班後的（after—5）。例如有人提議到：「如何！今晚我倆小酌一杯，我有些重要的話要告訴你！」以輕鬆語調約好，待下班之後或是去小酒店，或是小餐館、邊喝清酒，邊談起重要的主題。

姑且不去批評此作風之優缺點，但此一作風在日本社會卻是非常普遍化，其主要原因是因為日本人熟知「閒談」的效果所致。也說不定因為日本人在正式場合不輕易吐露心聲，所以以長期累積的社會習慣、經驗中學會了如下的作風，即設下一個小酌一杯的閒談時刻，在這時可以互透心聲，直探問題的根本核心處，以補日本人之不足。

至於在公司談話內容均以例行公事為主，其重點當然擺在如何迅速傳達和連絡事項及如何正確的決定事項上面，所以根本不可能形成自由的談話。頂多當屬下來報告營運狀況時，上司看其氣色不佳，關懷地問一聲：「某某，你的臉色不好，要不要緊呢？」只是如此程度而已。

雖然上司會告訴屬下說：「有什麼事儘管來找我。」可是，事實上要聽取屬下提出問題，進一步解決問題的這些行動，務必要等到下班後，到小酒店邊喝邊聊之時才開始。在正式例行公事化的世界裡，是很少觸及個人隱私問題的，下班後的（after-5）才是根本解決問題的場所。

第三章

在「構想工作室」中什麼事都會做

1 對於構想工作室的成員，儘量找不同職業或不同世代的人參與

為了靈活運用資訊，也需對自己專業以外的範疇深感興趣

最近在世界各地難民問題成為熱門焦點話題，只要收看新聞報導即可獲得資訊，但是那些消息只不過是以新聞報導中得知的消息而已，未免太可惜了。例如，在聽到盧安達難民的消息時，不妨以歷史為著眼點，深入探查「為什麼非洲會產生那麼多難民呢？」當然不只研究盧安達而已，進一步觀察全非洲境內的各國政治狀況也好，用此一方法，藉機擴展自己的知識領域，也是蠻不錯的。

另外找一些跟自己不同領域的專家多多交談也是一種交流，及收集資訊、擴展知識領域好辦法。但這樣的交流並不代表著即獲得某種不同種類資訊的實質意義，他只是代表著因專業領域不同，對事物看法亦不同，這一點對你的構想非常有用。

為了解說其中涵義，特別舉淺顯易懂的小鳥和青蟲（尺獲蟲）分別關心些什麼不同的事物來當例子。以小鳥而言，他最關心的事莫過於對自己生命有威脅性的老

鷹、鷲鳥等大鳥或地面上的蛇、鼬鼠等動物，另外如美味果實、漂亮的羽毛及同類的鳴叫聲，都會引起他的關心。

另一方面對青蟲來說，他所關心的事不外乎尋找更美味可口的葉片，他費盡一切心思去感覺，去尋找美味的葉片。因為小鳥和青蟲的生活方式不同，所以連帶著所關心的事也完全不同。

人也是一樣，不同生活方式的人，所關心的對象也不相同，其實對於同一件事物，也有不同的看法，這也就是跟不同的專家交談才有此優點。

在構想工作室裡，聚集了許多不用的專家，其新鮮趣味也在於此，所以要經常檢視自己在構想工作是否為一個夠資格的成員，而刻意地努力去達成好成員的目標，將令人更上一層樓。

新力公司採用構想工作室的方式，不拘泥於會議的席次及發言順序

簡單地說，一般的會議隨著目的的不同，其內容也各不相同，有的只是單純傳達公司的營運方針，屬於上情下達，還有研討公司營運戰略及決定新工作責任分擔範圍等，不一而足。

可是我在此建議的會議，是有創意的會議，也是具有創造性的會議。那要採取什麼形式，才可達成會議本來的目的呢？當然那方式正是「構想工作室的方式」。

對於此方式必要的條件之一是要去除一切的隔閡，凡是與會成員先卸下階級、頭銜、職務等，否則很難產生出無重力的構想。

如果心想：「某某經理也出席此會，我若說出這樣的事，一定被他一口否定。」或者「既然連董事長都列席與會，我更不該隨便說話。」有了以上這些想法，無異於是給自己上了手鐐腳銬而動彈不得。

所謂的自由構想，只會成為經過仔細思考之後無關痛癢的發言而已，根本無法產生出活靈活現、生氣蓬勃的構想。

不久前，當井森先生還擔任新力公司董事長時，他在公司內營造出獨特的氣氛。我也曾去過他的公司好幾次，在公司內，所有人都不稱其頭銜，反而直呼其名字，連年輕小伙子都毫無顧忌地叫他井深，而井深正是新力公司的董事長。我不知道是否是井深先生不讓員工稱他為董事長，還是大家有志一同，非常有默契地互相不叫對方的主管職稱，但是我發覺的整體風氣非常自由、活潑。

對於井深這個人，根據我跟他多年交往的認識，他的本性非常溫柔善良，可是只要事關工作馬上變成既嚴格又恐怖的人。雖然是如此，公司上下卻能營造出如此自由風氣，簡直是大出我意料之外，而在自由活潑，朝氣蓬勃的風氣推波助瀾之下，才可能接二連三推出一系列極富魅力的新產品，使新力公司一夕成名。

在心理學上有一種說法叫做「成見效應」（Challo Effect），當某一個人擁有顯著且出眾的權威時，他本人一些無關緊要的舉止言行，均被視為無法取代的了不起言行。

例如：下面這個例子雖然毫無根據，但是一位女性如果長得漂亮，頭腦又好，那麼她所做的任何事，都被認為是最好的，尤其以男性的眼光來看，更是如此，其實那只是一種錯覺而已。所謂的光環指的是我們在佛像後面看到一圈光芒四射的裝飾，意即俗話所說的後光，美人的這些特徵成為一種後光，並且瞞住人們的眼睛，使他們看不見其他的部份和缺點。

美國曾作過以下的實驗：他們先把一群人分成A、B二組，每一組數人，並且在不同房間內，介紹同一位年輕男子。被介紹的這名男子的頭銜隨各組而異，在A組中「介紹此人為大學教授」，在B組卻介紹說：「此人為大學生」，然後交給每一個人一張白紙，要他們估計這名男子的身高和體重，並寫下來。可是在美國，只要有優異的成就，年紀輕輕地照樣當上大學教授，一點也不稀奇。

結果在被介紹為大學教授的A組中，他們所寫的身高和體重的數值都比B組的人來得大。因為在A組成員的心中已有先入為主的觀念，他們總認要當上大學教授談何容易，並且把大學教授的職位看得份量很重。

這種心理作用在公司中也毫不例外，平時員工們只能遠遠地看董事長一眼，但有一次在偶然機會裡和董事長搭乘同一部電梯，才意外地發現「董事長」不如想像中的高大，這就是「董事長」的光環效應的結果。

所以若在此時，引進再多的構想工作室的方式，也不可能產生出活潑、有創意的構想，因此，要打破隔閡的意義也在於此。

從不同職業、不同世代的成員中產生出意想不到的構想

各位讀者對於前不久建築業界的貪污案，應該還記憶猶新吧！那是一家大建設公司和地方首長，官商勾結的貪污案子，為此有多名建設公司的高級幹部被捕入獄。在公司內老職員中有人曾對此案發出如下的言論：「在我們公司內特別設立董監專用餐廳，方便於董事及監事們召開午餐會報，並洽談公事。可是在首腦群中，卻

有人把午餐叫到他的辦公室裡，並在那兒只召來幾個心腹，邊吃邊決定經營方針，當時我覺得這哪能期望公司能正常營運呢？果然不出我料，真的出事了。」

這家公司設有像構想工作室的董監餐廳，一般在董事會或經營會議上因為各成員的實力及職位相差太大，並不容易使人吐露心聲及交換資訊，而董監餐廳正好可以彌補此缺點，所以董事長也參加此董監餐廳，正可多方傾聽意見，防止寡斷獨行或收受賄賂的弊病。老職員想說的意思正是如此。

最近許多公司大力鼓勵公司成員，不分董監，或員工在同一餐廳共進午餐，其目的在於以不同世代，職業的午餐會中，經過閒聊、交換資訊之後，期望公司更活性化。此事也代表了發現閒談效益的公司增加了，這是一件可喜的現象，像這家大建設公司的董監事餐廳，固然也是一個好的構想，但其中成員均為董事、監察，難免會有話題固定一成不變的窘境，所以在公司內要設立自由閒談的場所，必須聚集更多立場不同、世代不一的人，效果才會更大。

如今大家紛紛踴躍嘗試聚集不同業種的董事，召開早餐會報，或是同一世代，不同職業的人舉辦進修會。而跨越不同職業的人聚集在一起，有時會有意想不到的構想出現，如果只拘泥於某一業界，根本無法產生令人側目的構想。所以只要不是在正式會議上，而在平常工作中遇到瓶頸或障礙無法排除時，不妨約學生時代的同學出來小酌一番，邊喝邊聊，你將不敢置信地發現那些障礙，不知在何時早已雲消霧散。如果是換作同公司、同部門的同事一起邊喝邊聊的話，是絕對得不到像跨越不同職業的構想工作室方式所產生的獨特效果。

構想工作室的首要工作即是透過交換自由的構想並且互相給予刺激

一橋大學的野口悠紀雄教授著有二本列為年度最佳暢銷書，分別是「『超級』整理法」、「『超級』讀書法」。根據野口先生所說的整理資訊，其實只是一種手段而已，而真正的目的在於新構想的產生，這種想法真有道理。

另外野口先生又說：獲得新構想的秘訣，如果只是像「思考的人」（法國藝術家羅丹所雕塑的一尊石膏像）一樣，一個人默默地思考，怎麼樣也想不出什麼好的構想。不如找三五好友聚餐，在邊吃邊聊不經心中，反而湧現出意外的新構想。

他又說每當物理學上有重要發現時，並不是一個人獨立思考或去參加研討會時熱烈討論中產生的，其實只是跟四周人放鬆心情聊天時產生的居多。他認為產生新構想是源於四周圍有許多能刺激自己的人，而重要的是找時間去跟這些人交談。

而依我的經驗之談，他所說的話對極了，像我常參加早餐會、午餐會或聯誼會，聚集都是來自不同部門的人，大家彼此放鬆精神交談，在談話中隱藏著許多的資訊及富有暗示性的構想。

我參加這種聚會通常有二個目的，第一視他為收集資訊的來源，第二從中尋找分析社會現象的觀點，要從什麼觀點切入去觀察及思考，並加以評論，我可聽取不同部門人們的想法，並經常聽到：「哇！原來我也是以這一觀點去分析現象的。」這其中的學問非常大。

例如，我對有勞工界首腦人物來參加的會議，特別感到興趣，我想知道他對某一問題有何反應、有何想法，這是我個人深感趣味的話題。

我想來參加此會的人，均有同感，下意識中都想知道他在想什麼，所以在這個充滿活力的會議中，填滿了人們無窮盡好奇的求知慾望。

所以非常重要的是，在你心中是否具有這種意識，即你是否想在其中找到一些暗示或有趣的話題，想從中吸收些什麼，如果不具有這層意識的話，這只不過是浪費時間的普通閒聊而已。

2 一件計劃案的適當人數從三—二十人左右為宜

構想工作室的最適當人數為三—二十人左右

有一種說話是二個朋友結伴外出旅行時，因途中只跟對方獨處，常會鬧意見、吵架。若換為三人同行則一切順利圓滿。實際上我有一熟朋友，告訴我有關他的親身經驗，他在學生時代曾約另一個朋友一起去北海道旅行，頭一天在旅館二人即鬧情緒，隔天到了車站即分道揚鑣，各走各的路。他說：

「下雨了，我好心替他撐傘，想不到他不領這份情，還說這點小雨撐傘，堅持要一個人走，或我洗好自己的衣物順便要替他洗，他居然說：『不要你多管』，講話口氣及態度真是惡劣差勁！」

但我想，他的朋友一定也有他的想法才是。

但換了三人同行，其中有一個人扮演居中協調的角色，安撫其他二個人，所以大多會大事化小、小事化無，一切順利成行。有一個朋友的太太和其他二人合夥開了一家小店，都是由這位太太擔任調解的角色，根據她的作法是先個別聽取雙方的想法，並一一加以肯定，最後再提出折衷的意見，多數時候均能如願以償地化解危機。

在構想工作室的自由閒談中，道理也是一樣，當在正式會議中面對面交談時，話題特別容易鎖定在一件事上面，通常只能產生出一種聯想而已。關於這一點如果換成三個人時，則一個話題會產生二種聯想或增加為四種聯想也說不定。所以三角對談時的話題，比二人對談時的話題範圍要更加推展開來。

在哲學專用術語上有一種說法是「辯證法」，他是說從二種對立的事物中找出全新的第三者的方法。相信各位均聽過下列三種辯證法，一是命題辯證法（These）二是對立辯證法（Anti these），三是反對辯證法（syn these）。

簡單地說，所有的「辯證法」即是：「雖然並不是贊同，但對於對立的意見也不意味不可採納，同時還援用雙方的優點，再想出嶄新的構想出來。」

前面提到如果聚集三人，可以使話題更加推展開來，關於此點特別容易讓人聯想到聚集的人數愈多愈好，但事實上未必如此，因為聚集太多的人，主持人被迫無奈限制與會者發言的時間，如果一個人講三分鐘，二十人要一小時，五十人則要花費二小時以上，再說短短的三分鐘根本說不出什麼有內容的話來。

但如果是結婚典禮上的致辭則是愈短愈受歡迎，甚至坊間還有一本書取名為「三名鐘致辭」，三分鐘真的是很短暫的時間，但是對於傳達式會議、長官訓詞、結婚典禮等儀式中，根本不要求要有創造性的構想，則另當別論。至於若想從中吸收某種收穫的會議的話，適當的人數在十人左右為宜。

有時開會時，請來此人，卻沒邀那人，為了面子上不好看只好統統都請，結果聚集了三十、五十人來開會，對於這種會議千萬不可奢望會有什麼收穫，當然也產生不出新構想，簡直只有浪費時間而已。

只要「不是構想工作室的聚會」就一定是「非創造性的聚會」

大凡上班族誰都有此一感受，那就是沒有必要的會議特別多，只有下面二種人才不會感覺到「為什麼要花費好幾個小時來開此會？」第一種人置身於公司營運上軌道，業績很好的人；第二種人根本是喜歡浪費無謂的時間在開會中，也不在意的人。

在我所參加的會議之中，最乏善可陳的是大學的評議委員會，此會議是掌管整個大學的營運方針，由校長兼主持人，各科系派系主任及透過選舉選出的評議員（教授）各二名出席參加。老實說，當我第一次出席此會時，真是嚇了一大跳。

首先校長說：「現在開始複述一遍上個月評議會中，大家所討論決議事項，書面文件已發給各位，請對照參看，現在請聽總經辦人逐條宣讀，並對照各項，如有錯誤，請各位不吝指正。」於是開始逐項朗讀曾經討論過，或曾經決定過的事項，為此花了不少時間，最後才說：

「以上所唸的是上個月評議會的決定，關於此項，各位有沒有意見，如果沒有即表示通過決定事項，接著才提到今日的議題是什麼……。」

後來我去問總務經辦人：「每次開會你都要這樣唸嗎？」對方回答：「是的」，於是我脫口而說：「歷任的校長個個都是如此嗎？那麼派我當校長吧！在我當校長的第一天一定先廢掉這個一無是處的作法。」當然我說這句話的時候一半是玩笑話，但另一半卻是真心話。

好不容易經過討論才製成議決書面文件，在事先發給與會教授，並告訴大家議決項目中一字一句的重要性，希望各位評議委員要好好仔細認真閱讀，因為決議後果須由評議委員共同負責，所以請各位撥空詳加閱讀，但是在開會中由總務經辦人朗讀一遍，簡直是詞窮而浪費時間。

可是這一道程序由校方鎖定後，後人非蕭規曹隨，沿襲至今，否則不足以變成毫無疑問是最正確無誤的方法。這才真的叫做呆板化。

像社會上一般公司的營運組織，到處可以看到如此呆板僵化的現象，會議更是其中之最。要想打破成規，絕對需要有打從一開始即抱持懷疑的心態，雖然會議年年都有，但只要每一個人心想：「哇！召開此會真的有意義嗎？」或者「有沒有其他辦法可以取而代之」。任誰都看得出來，那些乏善可陳，無聊的傳達資訊或連絡會議，不開也罷！

如果要開就要召開只有此一部份，且非大家聚集一堂加以討論不可的會。但在事實上，開了一、二小時的會議中，只有最後十分鐘才有意義，這種情況比比皆是。所以如何能準確分辨其中不同之處，才能節省開會時間，把省下的時間挪作其他更有意義的事情。

可是對於一個習慣僵化的人而言，他會誤以為只有非創造性的會議才是「像樣的會議」，這才是最糟糕的事，他根本無法在創造性的閒談中找出改變構想的價值出來。

有家公司曾於一九九二年嘗試計算出到底在一天之內，花多少經費在開會上面呢？

例如，以召開二小時有五人出席的公司內部會議計算，按照該公司工會所定的平均底薪，加上加班獎金、福利金等費用，一個人的人事費用大約是每小時三、四一八圓日幣。

三、四一八圓×五人×二小時＝三四、一八〇圓

可見得這種徒具形式，毫無建設性的會議，才召開二個小時，卻要浪費這麼多金錢。假定說公司想要賺那些錢的話，以銷售額利率的一％，至少要賣出三四二萬圓的產品才行，也就是說要賣出該公司新型機車六台才夠。

另外出席會議者大多以主管級人物為主，其所需人事費用更多，而以外埠的分公司召集員工至總公司開會，往返的時間，出差費用更是不在話下。

其他更精確地計算：例如，開會資料的印刷費，咖啡茶水費、會議室的維修費用、空調費用等等均要一一計算在內，還得多賣好幾十台機車才足以平衡支出。所以這種浪費金錢且得不償失的會議，實在召開不得。

構想的生產力、人數、時間和成員的素質，壓力的相關定律

我曾在某次聚會中遇見一家中小企業的董事長，在雙方交換意見之後，他要求我能告訴他如何使公司活性化的方法。我告訴他說：「想使公司活性化的最好方法即是閒談，也就是召開自由自在的聊天會最好。」不久之後，當我再次見到那位董事長，他說：「上次聽老師您的建議之後，我們公司每週均召開閒談會，但是非常奇怪的是每次開會時的發言均不甚踴躍，氣氛也一直熱絡不起來。」他誠懇地要求我；「希望老師能親臨會場，指導一下。」我欣然接受。

當我聽這位董事長說他們公司於每星期五下班後才召開閒談會，我這才看出這就是會議氣氛不能熱絡的原因之一，其詳細理由容後再加以說明。

我先敘述會議召開的情形，當我出席會議時，真是嚇一大跳，出席人數之多大約有五十人左右，於是我問他們到底都是一些什麼成員來出席此會呢？他們回答說凡是有急事待辦或有緊要的私事非辦不可之外的員工，一律全體參加。

這個會議的主持人由董事長親自擔任，他開頭便說：「閒談會開始，如大家知道的這並不是一般正式的會議，只是閒聊而已，希望大家能踴躍發言。」接著告訴

大家會議的主題是什麼，還把我介紹給大家說：「今天非常榮幸能邀請多湖輝老師蒞會指導，各位員工務必要提出了不起的構想。」會議一開始即陷入鴉雀無聲之中，好長一段時間無人發言，董事長終於按耐不住而指定某位員工：「某某，你有什麼話要說。」被點名的員工無可奈何，只得站起來發言，可是後繼無人，最後的結局淪為由董事長指派發言人，展開有如在學校上課情形一般，叫一個答一個如此被動的發言。

會議由下午六點開到八點為止，中途休息十分鐘，如此冷場的會議居然還開了二小時之久，連一向開慣會議的我也疲憊不堪，大喊吃不消。

閒談會的成功與否，是否能引出生產力，有下面四個要素，至於在上面這一個案中，這些要素在這公司的閒談會中到底起了什麼作用呢？

首先是開會成員的人數，關於這一點在前項中說過，最好是十人左右為宜，他的生產力最高，而這家公司開會成員是五十人之多，真是令人覺得不可思議的數字。

第二點是時間，開會的時間以一小時到一小時半左右為最恰當。當然如果會場氣氛熱絡活潑之時可持續到二小時也無妨，但在氣氛不甚活絡之下，開了二個小時的會，簡直是叫大家受盡痛苦之煎熬。

第三點是與會成員的素質，當然不用多說是愈高愈好。但並不表示與會成員必需要具有能力者，重要的是：會議主題是什麼，即召集有關於該主題的成員來參加即可。在上面個案中的公司，當天的會議主題是關於公司營運方面的事，卻召集了一堆毫不相關部門的員工來參加，反而使全體與會者的素質因而降低許多。

最後一點是壓力，在構想工作室的方式中，這一點是最重要的，在閒談會中的發言時，具有不必承受壓力負擔的氣氛。想不到這位董事長親自擔任主持人把關，還勸勉大家要奮發圖強，踴躍發言，如此一來，與會的員工莫不承受著龐大的壓力，雖然在開會之初即表明這並不是正式的會議，大家可以自由輕鬆地發言，但面對著董事長，在大庭廣眾之下，員工們哪敢隨便發言，這也是人之常情。

對於這家公司的閒談會，我給他的評分是接近於零分，尤有甚者是該公司開會的時間選在員工辛苦工作一個禮拜之後，積存了疲勞，很想放鬆一下享受私人樂趣的星期五下班後的時間，也非常值得商榷，因此，我猜想全體員工必定是抱著心不甘情不願的心情去參加的。

3 構想工作室的成員扮演「六種角色」

如果成員中對於「六種角色」均具備齊全，構想將會活潑生動化

眾所周知的漫才（即日本的對口相聲）中有二種角色，一是逗哏（主角）、另一個是捧哏（配角），如果雙方均是逗哏或是捧哏的話，則漫才就無法成立的。像以前紅透半邊天的瘋貓（Czazy cats是日本有名的漫才），和流浪者（Orifters）這些有名的漫才團體，其中角色的分配更為細膩，他們彼此之間並不會強行出頭，逗弄觀眾發笑，他們只不過是謹守自己的角色任務，以便追求整體諧詼有趣的表現。

至於在構想工作室的活動能否落實、成功，端看成員們如何分配角色而定，雖然在構想醞釀活動中，尤其是閒談的時候，不要有任何規則的束縛，但真要以無謂地閒談草草結束也未免太可惜了。所以，為了提高其閒談效用，所有與會者務必對於各自所要扮演的角色有所認識才是，並且在彼此合作無間之下，暢所欲言才是最重要的。

對於這個角色共分有六種，而這六種角色是採用我的好友英國的愛德華・戴泊樂（前牛津大學的教授）所著的「六帽的構想法」中的觀點，依據其書中所述，把每一個人的角色比擬為顏色並加以說明：你不妨運用想像力，假想六個人分別戴著六種不同顏色的帽子開會的情形。

首先是戴著「白色」帽子的人，他的角色是扮演提出客觀數據資料的人，而對於他所提出的資料表達出主觀感情面的好惡意見者，即是戴「紅色」帽子的人。至於戴「黃色」帽子的人是肯定論者，他羅列出一排善意，肯定的意見；反之戴「黑色」帽子是持反對論者，一開口即說：「那樣真是乏善可言。」或「價格太貴」等等反對意見。而承受正反二面的意見，據此構想說出具有前瞻性、創造性的意見是戴「綠色」帽子的角色，最後擔任全體與會者的靈魂人物，時而整理歸納話題，時而脫離話題之取向者是戴「藍色」帽子的角色，當然這個戴「藍色」帽子的人也是擔任領導角色。

唯有六種顏色的帽子齊全之時，構想才能活潑化，也才可產生出好的構想，由此可見不妨認定要從事於有意義的構想活動時，最低限度要有六個人參加，事實上閒談會的成功與否端看戴「白色」和「綠色」帽子的人，他們的能力才是決定性的關鍵。若想提高閒談會的效果，可把各帽的人數加倍，共達到十人左右最為理想。

其次還有一種方法適用於開會成員只有三～四人少數的情形之下，推薦給各位值得一試。

內容是：與會成員不再扮演各自的角色，而是全體成員同時扮演同一角色，首先是領導人戴白色帽子，全部的成員也扮演白色帽子的角色，各自提出客觀的意見和數據資料，然後領導人改戴黃色帽子，全體又變成肯定論者，只陳述正面的意見，這也是六色帽的構想法，其中基本運用方法之一種，並可產生相當有趣的效果。

上面所述說的方法，乍看之下雖然是頗有規則可循的，不過若比起大家迷迷糊糊地提出意見，會更加使談論的內容活性化起來。

曾有人說過遊戲也要有遊戲規則才有趣味可言，對於構想也是如此，因此如果把在構想工作室中的發言和閒談解釋為一種會議形態的話，難免會使構想僵化，那麼不妨把他當成一種遊戲，樂在其中，則往往會有出乎意料，連自己都嚇一跳的好構想迸出來。

領導者若想使閒談會的氣氛活絡，「裝傻」也是頗有效的方法

在很早以前，我們心理學同業所召開的進修會中，曾邀請過一位公認為面談高手與會指導，剛開始我們一聽到進修會馬上直覺聯想到僵硬無比的例行會議，不過當時我們幾個心理學者聚在一起時，還邀請來賓參加，且以來賓為領導者舉辦演講會又兼具閒談會的性質。我們身為心理顧問面對病患的諮商，有必要請來面談高手，指導我們一些面談的技巧，那也是為什麼我們邀請面談高手蒞會的原因。

在我們的想像中，這一位面談高手，一定是位雙眼炯炯有神、口才滔滔不絕，是個八面玲瓏，「洒脫」型人物。

而我們所見到的這位面談高手，想不到居然是草包一個，或許這麼形容有些失敬之處，但怎麼看都像是個「鄉巴佬」似的，而且不只外表如此，連他說話的方式都是木訥寡言、不擅言辭，使我不得不心生懷疑「他真的是面談高手嗎？」雖然這樣對他是不禮貌的想法。

於是我們圍著面談高手開起會來，雖然他對我們是有問必答，但是他自己幾乎是不說話，也從來不會主動挑起話題，或積極地推展談話內容，因此常會出現鴉雀

無聲的空檔時刻，當時我心想真是糟糕，選錯人了。不過說也奇怪，那次會議卻出現前所未有的熱絡氣氛，大家頻繁地互相交換意見，結果使得會議特別深具意義。

為什麼會有這樣令人滿意的結果呢？因為在會議一開始，大家均期待此一面談高手成為領導角色，但是此人一直不肯居於領導者的位子，其實也不是不肯，只是我們覺得他無法勝任領導者的角色，於是全體與會成員產生一種助其一臂之力的共識，發言人由一個、二個紛紛增加，不久之後自然而然取代他成為全體都是領導人的現象，而促使會議氣氛達到頂點。

最後這位面談高手才告訴我們，他說面談的方式可大約粗分為下面二種：第一種是針對面談的主題，於事先準備充足，並根據一些數據資料主動積極的推展面談的方式。另外一種是刻意地讓自己對會議的相關內容一無所知，改請對方講述，幾乎是向對方請教。他又說由於自己一向口才不好，只好採取第二種方式來面談。我心想：「真是說得很有道理。」雖然他並未明說，但是那次會議正是實踐了第二種方式的最佳例子。

對構想工作室的領導者而言，該扮演什麼樣的角色呢？他必須技巧的推進談話內容進度並作總結，有時他必須刻意保持沈默，讓與會各成員能自主發言，尤其是當領導人正是公司的負責人時，難免會產生以自我為中心，掌握整個會議，這才是癥結所在。所以必須有時要扮演聽話的角色並貫徹到底，甚至於還要說：「關於這個問題我不太了解，還請各位多多指教。」

要想使此方法獲得成功的關鍵處，在於如何使舉止措詞更自然，萬一露出破綻，被人查覺出來，反而會因太過於裝模作樣，而適得其反。所以，以閒談技巧而論，這種方法應該是屬於高難度的方法。

可以當作組織主管的自我評價標準是能不能促成「閒談」

有一家公司的董事長曾告訴我說：

「當公司的職員在會議場上看見我時，如果馬上擺出『立正』站好的姿勢時，我即有所領悟，這表示該是我急流勇退的時候到了。」

聽他這麼說，令我十分佩服，人們常說：「在眾人惋惜嘆息聲中，急流勇退是最好的時機。」又說：「見好就收」，可是真正要徹底實行，談何容易。如果以運動選手來說，當他們出現體力衰退，成績下降……等明顯表徵時，比較易於達到下決心退出的時機。

但換了公司的首腦人物，他們累積了長年歲月的經驗，大可派上用場，而且在身體健康方面也沒什麼好耽心的。

一般而言，看到自己公司的員工對自己行了九十度的鞠躬禮時，這才在心裡升起；「我已非昔日的吳下阿蒙。」而有另一種說法是說一個人要如何才能充分落實自己真正當上董事長的感覺呢？這全靠公司員工鞠躬之深及接送之勤，當然薪水也是直線上升，可是在今日薪水均直接匯入銀行帳號的時代裡，說實在也湧不上什麼真實感。

如果把上班族的陞遷之道，比喻為升官途上的遊戲的話，那麼董事長也是一路走過漫長艱辛之路，好不容易才「登峰造極」地登上董事長的寶座，我不是不能了解此一心情，同時我還能深切體會到，這世上幾乎所有的董事長均牢牢地緊捉住職權不放，並汲汲於保護、鞏固自己地位的心理。

所以我才特別佩服這位董事長所說的「急流勇退」的涵意，當員工與董事長之間已經喪失了「閒談」的氣氛時，也就是說彼此之間已經無法坦白談話之際，也正意味著組織開始僵化之時。

一旦以董事長周遭喪失了「閒談」的氣氛時，那麼有關於公司末端的資訊，尤其是員工總是報喜不報憂，於是這些負面的資訊是傳達不到董事長耳裡的，偏偏這些負面資訊攸關公司的命脈，往往可置公司於死地。這是司空見慣的現象。尤其是愛發號施令、耀武揚威的董事長，更是得不到此種資訊，如果說終於得到了這些資訊時，也代表公司已搖搖欲墜，命在旦夕。

因此，能不能「閒談」是自我評價的標準，也是能否使自己組織活性化的考量。所以員工們與董事長親密地閒話家常的情形下還算好，萬一遇到員工端正姿勢，緊張兮兮地望之生畏，並藉口離去避之唯恐不及的話，便要特別注意。

第四章

在「構想工作室」中構想的生產方式

1 構想工作室的第一作業——發言

作為構想手法的閒談有「動機主題」比沒有的好

作為構想手法的閒談有一個鐵則：即是以自由為貴。而最理想的會話方式，就是從零開始，無中生有，人人不斷地踴躍發言，並朝前瞻性方向推進而歸納作結，但落實到現實問題上談何容易。

如果與會人士還算經常見面倒好，若這次聚會的成員只不過是工作上有一些接觸而已，並不常見面，而在開會之初即說一聲：「現在就開始閒談」，那可能有大半以上的時間會花在探究對方底細的爾虞我詐上面。

因此在此涵義上，有主題比沒有好，這個主題不過是引起動機而已，也可以說是給每一個與會者的腦和口一個暖身運動罷了。如前面說過的「鬆緩的規則，有比沒有還好」道理即在於此。

目前，我擔任日本電視台節目審查會中的一員，最初我本想婉拒對方「我沒有時間看電視」，可是對方卻事先申明，「當我通知你看什麼節目，你才看即可。」既然是如此，我才勉為其難的答應下來。審查會開會的頻率大致上是一個月召開一次會，在開會之前我都會看過對方事先通知我該看的節目，萬一時間不湊巧，我會預先錄下節目，待回頭再看。

因此在會中，以與會成員各別陳述對此節目的批評意見為開場。在提出意見之後才自由交談，最初與會人士彼此之間幾乎是全然陌生的，可是在經過眾人互相提出對指定節目的批評之話，等於是做暖身運動，於是使下面會議的進行變得非常順利、有趣，這正是充分掌握構想手法的精髓。

至於要提出什麼樣的主題均可，因為與會的人士必須要先暖身，所以務必找出共通的話題比較恰當，萬一其中有人對此一主題不熟悉，而跟不上進度，豈不喪失其意義嗎？而這個主題只是一個動機而已，沒有必要刻意去遷就他，如果話題偏離主題的話，而當場氣氛熱絡，人聲沸騰，也無須硬性拉回主題上面。

話雖如此，但這種自由聯想法也不是沒有缺點，以精神分析的基本技巧而言，其目的就是要以自由聯想來分析病患，但有時會有嚴重的脫序現象產生，且分析一些無關係的聯想，因而浪費許多時間的情況居多。例如：「ＴＡＴ」（**Thematic**

AP-Perception Test、主題統覺測驗），就是讓對方看一些跟深層心理有關的模糊畫片（沒有表情的圖片等），產生自由的聯想或想像（統覺作用），拿來作為材料並加以分析的方法。

另外又有「SCT」（Sentence Completion Test）（造句測驗）即是文章完成法，例如：先提示文章的開頭「我最害怕……」，「我的母親……」，剩下來讓對方寫出自由聯想的續文的方法。

而無論是「TAT」或「SCT」這二種方法無非是要完全彌補自由聯想法沒有效率的缺點，而透過「寬鬆的主題」之設定，藉以提高精神分析的效率為目的。先前說過在閒談中的不變原則是以自由發言為主，而其真正的精髓在自由聯想法中才找得到，所以要採用此法時，務必給與會者一個「寬鬆的動機主題」，如此也才能期待產生意料之外的效果。

在構想工作室中當心血來潮有話必須「立刻」一吐為快

我有一位相交已久的主編朋友，聽說他常成為家人眾矢之地，「爸爸只會動口不動手」、「有事先說結論、不要想說什麼就說什麼」、「才說完這句話不到一小時，如今又改說另一種說法，到底是哪一種說法才對呢？」等等。

尤其是他的太太振振有辭，常是得理不饒人，他經常被說得束手無措、甘拜下風，其實他是一流的主編人材，新的企畫案不斷推陳出新，而他的企畫能力的來源不必說是來自於與家人之間的閒聊，事實上他與家人談話內容常會不經心出現在他的書中，或他的太太在閒談無意中提到的事情變成新書內容而被出版，為此他的家人均大出意料之外，自己平日所說的話居然會成為書中的內容。

誰都有此一經驗，那就是第一印象往往出乎意料的正確，但隨著與日俱增的資訊、涉獵的機會也愈多，相對也提升了解的程度，在這同時泛濫的資訊使人們迷惑，以致於看不清事情本質的情況也不在少數。我們常可以在電視猜謎節目中看到所謂的高知識分子的成績並不佳，看他們傷透腦筋的樣子或因為資訊消息愈多，愈得不到的正確的答案，也是司空見慣，一點也不稀奇的事。

如養樂多棒球隊的野村教練以ＩＤ（Identification，驗名正身）稱呼棒球，意指根據每一個人的正確數據資料來打球，也就是標榜精打細算的棒球，其中以捕手的配球默契暗號為最，根據古田捕手頭腦中詳細精密的數據資料來發揮威力。

但不管資料多麼完備齊全，也不一定會一切順利進行。以往有名的選手均異口同聲地說：「當心中迷惑不知所措時，憑著第六感直覺去做，結果常意外地猜中。」而野村式的棒球，的確是不同凡響，但有時像長島式的棒球單靠直覺的作戰方式，能奏效的情況也不少。

以神劍手出名的小說家五味康佑先生，同時也是麻將高手，還出了一本名為『五味麻將教室』的書，在書中他說萬一實在猜不出對方手中的牌，或不知該如何調整、安排牌局時，切記：「相信直覺就錯不了」的不二法則。

在正經八百的會議場上，根本無法說出一時心血來潮的話，因為話一說出，對方可能接二連三地追問：「為什麼？什麼道理？」「你的邏輯根據是什麼？」「你的數據資料呢？」在如此緊追不捨的質疑下，馬上陷入無法招架的窘境，於是好不容易想出的構想，在怕出糗的情況下只好作罷。

或者因為害怕對方深入的質問而無法作答，總是不敢說出直覺的構想。

可是構想工作室的優點在於任何人都可想什麼即說什麼，人人均主動積極的交換意見，靈感一來，想到什麼就說什麼，每一個人不斷自由地擴大他的構想，結果產生出了不起的企畫案來。所以最重要的是靈光乍現的感覺，其價值也就在於構想的天馬行空、無拘無束、新鮮有趣了。

由此可見構想工作室的結果若想更好，必須重視「直覺」面而輕視「邏輯」面。

前面所說的主編，不管家人生氣與否，總是不以為是，我行我素，因為在家人或鄰居乍看之下乏善可陳的閒談，有時卻可從此窺出人間百態，而從這些對話中找出最佳暢銷書的可能。

在構想工作室中在發言時務必把自己的事擺在一旁

日本的企業界還尚未引進以構想工作室方式開會的模式，但歐美各國早已採用此法多年了，在英文的「Free talk」，本書稱之為「Chattering」即不固定主題，刻意忽略地位、身份等，自由討論的形式謂之。歐美的企業結構外表看起來鬆散，不太穩固，也不很團結的樣子，可是碰到重要時刻會迸發出強烈的潛力出來，我認為這種能量的泉源之一在於「Free talk」。

而與其說在這方面日本較為落後，寧可說這是歐美人士比較擅長的領域，對歐美人士而言他們是奉行個人主義為信條的，自我主張也比較強烈，因此在「Free talk」的場合中，可以毫無顧忌的想說什麼即說什麼，同時他們企業組織的架構也不是縱型方向的，所以不會像日本人特別執著於地位或身份，且不會考慮是否在上司或董事長面前必要客氣有禮的想法。

可是換了在極度重視團體之和氣及以謙虛為美德的日本來說，即完全不是如此。他們在全然屬於私生活的場面時，話題可以非常自由奔放，不受拘束。可是在公司內開會自然會顧慮到「在上司面前說話不可神氣……」，雖然十分想藉著機智而又有創意的發言來引人注目，但只要一聯想到「樹大招風」這句話，馬上閉口不說。

而提到「樹大招風」這句成語，在此我們又可以列出類似的句子，如：「光作不說」、「說易行難」、「沈默是金」等這些對於自由奔放的發言都是一種阻礙。另外還有一些俗話，例如：「把自己的事擺在一旁，只說別人的話。」以此來指責發言者，意味著：若想神氣地發言前，必先以行動做做看再說。假如說在工作方面表現平凡的員工，若能在會議場上提出了不起的建言，這表示有其存在的價值，應給予很高的肯定及評價，但是在日本社會裡基本上對於這些評價是很低的。

像這樣的日本人在工作崗位上是很難要求他們要自由的發言，因此身為領導地位的人，不可受限於這些規則的束縛，必須全力以赴，努力地營造適合自由發言的氣氛才行。當成員的人不僅要有勇氣向規則挑戰，同時也要設法擺脫自我的設限。現在我要贈送一句話給想實行構想工作室的人，即是「自己的事要擺在一旁」。

會降低會議熱絡效率的五種因素

總而言之，日本人是個偏好開會的民族，只要翻開商業書籍，每一本書中均設立一個項目即「會議多的公司不會有發展前途」，同時只要一有機會我也會大聲疾呼，極力主張不要太常開會，雖然是如此，會議並沒有減少的傾向。且在一般公司的工作進度表中明文記載最好是每禮拜召開一次「會議」。

雖然是偏愛開會的民族，但是日本人的會議效率卻是出奇的差，在前項已說過的日本人並不擅長「Free talk」或是「Chattering」，同時對一般會議也不拿手，他們多半在事前請被賦與主題的員工發言，然後由上司對此作出評定，之後就後繼無人發言了，而草草結束會議。

這種情況只可說是發表會，根本沒有資格稱為會議。

造成日本人之會議不能十分熱絡的原因不一而足，但具體而言是因為與會人士有如下的心理所導致的。

①發言者必須負責。

②怕會被笑。

③害怕因為發言之內容使自己的能力被低估。

這些是站在與會者立場所產生的「恐懼感」，如果發言能受到肯定，他的評價自然會被提高，反之，則會造成無法挽回的危機。於是紛紛認為沉默才最安全，萬一被要求發言時，只好說一些無關痛癢的事。

若以成員結構問題來看，有如下二點：

④成員大半是追求明哲保身、缺乏強烈工作意願。

⑤尤其是同樣的成員反覆地開會，在互相不得罪，又不傷感情之下，只好彼此串通，套好招術。

在第④項中，因場合、會議性質而異、假定平日慾望強烈、積極主動的人，在會議中也會喪失慾望而變得沈默不愛說話。

關於第⑤項在一般例行會議中是常見的現象，甚至有時連主持人都喪失發言慾望，但在議會程序上非開不可，根本就沒打算進行討論，只是在形式上大家集聚一堂，議決案件，待時間一到即以談論高爾夫球、健康法等話題作結，雖然這也是屬於一種「Free talk」但與本書所述的「Chattering」是創造性的閒談是截然不同的。

這五個因素好比是破壞會議氣氛活絡、效率的惡性病毒一般，如果上司出席會議場上的話，會更加劇這些病毒的活動猖獗。

從第①項到第③項雖然是屬於自己的問題，但不只是「拿出勇氣發言即可解決」問題而已。例如：有時候當主持人刻意進行一些沒有什麼意義的發言，目的只為博上司一笑，主持人這種的表演是不可或缺的，在會議上不單要有「積極主動的發言」、「想什麼即說什麼」，另外還需要發揮技巧於自然而然之中讓成員能自由發言，這是當主持人必須具備的技巧。

有關於第④項的成員選定問題，只要在與會前事先加以篩選即可，萬一很不幸地參加的份子均缺乏意願，那該怎麼辦呢？這時可以採用前面提過的「惹他們生氣」的激將手法。

至於如何預防第⑤項呢？可以偶而邀請特別來賓來參加，將可激勵士氣，這位特別來賓並不需要從外面請來，可以讓公司其他單位的人來列席參加，並陳述其他單位的見解及看法。

2 在構想工作室中彼此都是善辯者也是好聽眾

有效率的會議讓與會者成為善辯者及好聽眾

在心理學上的諮商輔導工作以和被輔導者之間產生一種「情感協調」(rapport)為最重要的。這個「情感協調」意味著在對方與我的心之間搭一座橋，彼此連結、契合。這在進行諮導工作時，是不可或缺的技巧。

也許各位會覺得很難，在此我再深入說明：一個心理輔導員要成為「好聽眾」必須具備下列三個要點：

一是「聽對方的心聲」、二是「設身處地幫他想」、三是「頻率要一致」。

首先輔導員要做到不管對方說什麼，均得一律接受。假定對方說「昨天我遇見外太空人」，這時輔導員不可說「那只是你的幻想而已」而加以否定，要百分之百的接納對方說「原來如此」，如此漸漸形成情感協調彼此信賴的關係，使對方內心深處的真正心聲能浮出表面。

這種情感協調的技巧可以直接運用於「Chattering」和「Free talk」上面，甚至於可以說心理輔導的本身即是一種「Chattering」。

觀察公司的會議即會發現到很多人均會壓抑反對意見而堅持己見，或拚命反駁對方的意見。如果董事長也列席參加會議的話，許多時候是以董事長將自己的想法一氣呵成的陳述出來，並抑制其他出席者的意見而草草結束的例子不勝枚舉。這種類型的人是沒有資格出席「Chattering」的，因為在「Chattering」的場合中擁有自由發言的權利，如果只有自己一個人行使此項權利，卻不讓他人享受，這時的「Chattering」即不成立。萬一他人的發言與自己意見相左時，此刻最重要是仔細聆聽。關於此點跟心理輔導不謀而合。

當然是可以陳述出與對方不同的反對意見，但必須先接納對方的發言，在檢討、玩味之後，才可說出自己的意見，如果說完全沒有經過思考這道程序，只是為「反對」而發言，將破壞構想工作室全體的活性，不僅是如此，也無法培育出自己的構想。所以先不要管他意見是否錯誤或有多無聊，先接納後再加以檢討「○○，為什麼會如此發言呢？」有時你將會發現自己有所疏忽之處。

俗話說：「善辯者也是好聽眾」。但在構想工作室裡「能仔細聆聽」比「如何發言」來得更重要。也因為與會者採取仔細「聆聽」的態度，而促使「說話者」更加提高意願，而湧現出與會者吐露真正心聲的真誠意願來。

「集會」、「孤單一人」反覆下去才能得到創造性的構想

有時在構想工作室裡話題投機，氣氛熱絡且出現非常有創意的想法。但會議結束後隨著時間的推移，當初被認為了不起的構想，卻逐漸黯然失色，甚至還悔不當初有此發言呢！有時雖然談話的內容不是很生動鮮活的，但是因為說話的技巧太過巧妙，卻讓全體成員均誤以為這是很棒的點子而被採納接受。

在進行「Chattering」中，大家都不自覺的陷入一種特殊的精神狀態，這在心理學上稱之為集體效應。

像許多人聚集在一起開會，而同時朝某方向產生一股強而有力的力量，在缺乏冷靜判斷之下，全體成員都一致覺得「這個辦法是最好的」，這時弧單的一個人寡不敵眾是無法理智下判斷，會被當場的氣氛左右而下定結論。

同樣地在進行「Chattering」之中，與會者的意識都集中於主題上面，當討論得愈熱烈，其集中力也愈專注，不置可否的這種心態是有其必要性。可是太專注於

某事時，很容易忽略其他的事，因為過度的集中精神將造成視野狹窄，同時也喪失冷靜理智的判斷力。

在此時，必須進行冷卻運動「Cool down」（即運動完畢所作的緩和運動），也就是「冷卻頭腦」才行。因此在討論到某種程度之時，要立刻中斷會議的進行，有一～二小時的休息時間「interval」，在這當中出席者最好一個人單獨去逛逛走走。那麼再繼續開會時才會產生「對於剛才的提案，經過仔細思考後有什麼不妥之處？」於是有了修正案的出現，或是比中斷會議之前更好的構想浮現腦中。

這種方式也可運用在日常工作上，相信各位讀者均有此經驗，例如：一個人坐在辦公桌前苦思企畫案而不得其解，正在這個當頭，卻被上司叫道：「〇〇，你來一下。」心想：「我已經忙得焦頭爛額了，還找我什麼事。」而上司所談之事全然與我現在所進行的事無關，我也不便說：「我現在很忙，可否以後再說。」於是只好忍耐了十分鐘後才回到自己的位子上。可是出乎意料地發覺剛才苦思不得其解之處，竟然茅塞頓開、進展無礙。其理由在於被上司召見等於得到「Cool down」冷卻頭腦的效果。

若想得到「Cool down」的效果，有效的辦法是改變周遭環境，而只是在開會場合中宣布說：「我們休息一下」這樣的效果並不佳。因為在同一場合同樣的成員大家一起休憩，身體上得到了休息，但是頭腦卻無法冷卻下來。所以必須中斷會議，中間有一段休息時間，彷彿置身自己房間獨處的狀況下，採取半強迫性的改變周遭環境，比較有效。像這樣一下是「集會」、一下「解散」、「一個人」周而復始，才能充分得到「Cool down」的效果，當下次「集合」時，會十分驚訝於自己頭腦又再度活性化起來。

「早餐會」、「讀書會」、「懇親會」均可多多運用的閒談

當永田町一帶的政治家們想擁有特別溝通場合時，他們有一個固定表達方式，他們只要說：「我們找個時間吃便飯吧！」這句一起吃個飯的涵意，代表著自由地互相坦誠的閒談，且彼此間能開誠布公，推心置腹。

但在國會的各種委員會上，這些正式場合之中，大家是很難做到坦誠相見的，因此利用此吃飯閒談方式來進行互相坦誠說話的機會，同時進行操控政治面的行動，這種情況是屢見不鮮的。雖然這種枱面下的動作不是很正當，但事實上根據我們了解這些政治家們因肯定了閒談的效用而採為構想的手法。而且有蠻多的例子證明

政治家們早就定期舉辦早餐會，而早餐會、讀書會、懇親會等種類凡多，不勝枚舉，在基本上這些均屬於「Chattering」的範圍，若不是屬於「Chattering」的活動，大多均沒什意義可言。

我也曾參加有關於政治家的各種會議，如前面介紹過的以故小坂德三郎先生為話題中心的懇親會，最初之時是一群崇拜小坂先生為人的人集聚一堂，其目的為想盡各種辦法使小坂先生當上總理大臣，但在得知小坂先生事實上並沒有意願當總理之後，而有關小坂先生的一切政治活動也停止了，這個懇親會卻以「後援會」的形態持續下去。

為什麼呢？坦白地說就是因為是「閒談會」彼此沒有利害關係、各方人士集聚一堂，聊各式各樣的話題，作為交換資訊的場所。

例如：有關政治資訊、外交的問題、經濟的狀況等等熱門話題，對於這些問題，各人有什麼樣的看法和意見都可以自由地發表出來，也有人從不同的角度提出令人耳目一新的看法，於是大家均有同感認為這個懇親會既自由又富有樂趣，同時也是一個難得的學習機會。

前面提過的前國鐵總裁高木文雄先生所召開的會議，也是屬於這種閒談會，因此才可以得到各種自由不同的意見，身為一個組織領導最高層者，有不少的人在無意中建立了這種懇親會或智囊團等的組織出現。

這種會議不僅只有組織內的人參加而已，也准許外界人士的參與，因為內部的人會覺得面對著經營最高層次者，很難出現無重力的構想，對於這一點是大家充分能理解的。

而外界人士卻以對等的關係看待經營最高者，所以能自由發表意見，於是以當中可以得到某些啟示並應用於政策中，而達到目的者不勝枚舉。因為那些人能充分了解到這是發揮閒談效果中最好的構想手法。

構想工作室的「Chattering」和「Fuzzy 理論」具有相同的效果

自從電腦被廣為運用以來，能否更接近於人腦，遂成為熱門話題，但基於許多複雜的理由，電腦很難類似於人腦。其中理由之一是因為電腦無法作出「大略的判斷」，只能作出正確的判斷。人類的感情中伴隨著某種程度的「含糊度」，而電腦必須輸入一切精確的數據才能判讀，因此被認為無法適用於「含糊度」。

例如描述一個人的身材時，「此人長得不太高，且給人稍微肥胖感覺的中年男性」，聽到的人便可大致描繪出他的輪廓出來，但是讓電腦描述時，個子「不太高」必須明確輸入是幾公分，而「稍微肥胖」是幾公斤，至於「中年」又是幾歲到幾歲之間呢？電腦無法作出大略的判斷，而電腦的「特徵」之一是對於含糊不清者均加以排斥。

「含糊」（日語稱為良加減），在現今大多被視為沒有責任感，或做事馬虎，均往壞的方面去解釋的居多，但其實若意味著「好的程度」即是好的意思。在日語中也有「藥品匙加減」（即斟酌處方的劑量），此意味著調節藥量或加或減到對身體最有效之藥量的重要技術。

這種好的意思的「良加減」等於是「含糊」，而在過去的電腦中是不存在的。但是自從「**Fuzzy** 理論」出現以後，電腦也能對此一領域操控自如，因此電腦又更接近人腦一步了。

當電腦連細部都能規劃出情節，且對於邏輯性的對應關係都能有明確化的方法時，非常容易陷入「見木不見森」的狀態中，甚至有時還會誤解他的本質，或者只偏重理論，而輕忽現實的對應性。但在此時若能擁有大略的含糊或 **Fuzzy** 理論的話，將不會誤解他的本質，且不受限於些微的失敗，進而提高全體的效果。

以前我曾參觀新力公司，那時非常佩服他們的作法。當我們正在製作某項零件的流程時，一般的作法會事先量好尺寸，而正確套入規格洞內，並加以排列整齊。但是他們卻背道而馳，在這裡，他們放入許多不同尺寸的零件，而後搖動，把不同規則者篩選掉，適合者自然會套入洞中，但有時大約一、二成的洞內並沒有套入零件，可是工作人員一點都不在乎，像此種方法即是**Fuzzy**（馬馬虎虎）。

這種方法出乎意料地既迅速，方便又簡單，沒有套入洞中的零件，在下一個流程中會被找出來，加以填入，結果並沒有什麼損失。如果當初堅持一〇〇%完美主義，可能要大費周章便換機器設備，投下龐大資本才行，但是因為採用「良加減」（含糊），而獲得了「快」、「低成本」的優點是最典型的例子。

另外，有一天我去參觀新力電視零件組合工廠，在最後產品的品管檢查流程中，我看見一名女子使用木槌敲打電視外殼，據說利用此一方法可以發現出，前面每一部份的檢查流程中所沒發現出的問題。

我不懂其道理安在?但是乍看之下「粗陋」的，卻往往是最有效的例子卻屢見不鮮。

而「**Chattering**」的好處即是這些如「粗陋、含糊」的方式所造成的，當話題不斷地擴散時，沒有這種含糊度是行不通的，因為如果太執著於正確的想法，將產生出重力的壓力、話題也無法隨之擴大。所以「Chattering」擁有和「Fuzzy」理論相同的效果。

3 在構想工作室之生產線上容許脫離軌道

幽默為構想之潤滑油

有一句俗話是說：「笑會帶來福氣。」當我們欣賞相聲表演時，說相聲的漫才師也常會引用這句話，平日我們只是聽聽而已，但深入探討才發覺這句話言近指遠。

據說美國羅得斯特大學醫療小組曾進行一個很有趣的調查，對一些沒有疑慮會患子宮癌的女性，只接受採用面談測試，並沒有進行醫學上的檢測，看看她們是否會罹患癌症的可能。這個面談測試的判斷標準是視這個病患的個性是否積極、樂觀。據說從此預測法得知對未來懷抱希望，較幽默的女性比較不易患癌症，反之憂慮不安的女性比較易得癌症。

經過長期追縱其結果令人吃驚，這個預測法居然大半猜中，且明顯得知具有幽默感，個性開朗、積極進取的人，不壓抑自我，比較不容易患癌症，事實證明笑口常開的人自會帶來健康、幸福。

構想工作室的好處即是不虛偽、不做作，開開玩笑，沒有人會因為笑口常開而不舒服的，一個人只要情緒好，心情也跟著上揚，對於有趣的話題也愈感興趣盎然，於是促使話題愈加熱絡、投機，自己也愈發想說出有趣的話來。像這種連鎖反應效應，使會場的氣氛達到最高潮，而與會的全體成員都置身於情緒高亢的狀態中，在這種狀態中最有利於無重力構想的發揮。

同時在正式會議中，不能自由說出內心真正的心聲在哪裡，同時也可以重新認識自我。

說真的，開玩笑和幽默並不相同，在日本傳統的詼諧滑稽世界跟西方的幽默基本上是不同性質的。這是因為歷史風俗民情之不同所導致的結果。日本人想學習西方的幽默感，總是學不來，但是給與「閒談」帶來幽默，絕對是有益處的，在笑聲連連，不絕於耳的熱絡閒談中，才能獲得傑出獨創的構想。而這正是「笑會帶來福氣」的涵意所在。

構想工作室中的話題若一直脫離軌道或刻意插嘴是最受歡迎的

通常在會議場上若有設定主題，就必須要有結論出來，絕對不容許話題脫離主題，只要一發現有脫軌之嫌，務必馬上拉回到主題上面。

但是在自由的閒談會場上，只要有一人提供了脫軌的話題，而其他成員也相繼附和，於是話題逐漸脫離正軌，在這時多半是任其脫軌的較好。因為話題愈是脫離正軌也就表示這個脫軌的話題愈具「有力量」和「勢力」。且來勢凶凶無法阻擋。同時這個脫軌的話題也具有引人矚目的傾向。

在其他項目中也說過在構想工作室的會場上必須要擁有「敲門磚」，同時儘量提出具體的問題出來。但並不要刻意壓抑話題的脫軌，這樣才能使話題朝意料之外開展，而我所主張作為敲門磚的「動機話題」要儘量具體化的用意，是因為這樣才能製造脫軌的機會。

在三菱總合研究所當顧問的經營評論家牧野昇先生的演講會上，大家一致深感趣味盎然且給予極高的評價，其原因之一是他常會「脫軌」。例如，有一次的演講題目定為「日本產業的空洞化」，假定內容中提到最近市面上「韓國製品」、「中國產品」有大增之勢，然而他說：「我要脫離主題了。」接著說到他最近到中國大陸旅行的所見所聞。

例如：他說他在中國旅行時非常細心，凡事只吃用水洗過的東西，但還是拉肚子。或他朋友在中國旅行時上廁所的經驗，還有同樣是一個漢字但意思卻迥然不同等等話題，愈扯愈遠。但忽然話鋒一轉，便談到他自己過去一連換了幾個工作非常苦惱的情形，再跳到因為時代的不同，各個時代日本經濟演變的狀態如何，及當時大眾百姓的生活情形又是如何等等，話題便一路推展開來。

雖然話題愈來愈脫軌，其中包括了牧野先生本身的體驗，他的看法及說話的聲調，聽眾均可從中切身地聽出他對經濟、經營問題的觀點何在，因而十分高興地滿載而歸。

而牧野先生的脫軌是以他個人的感覺及感性為出發點，這種根據本身強烈的體驗及不同的看法所造成的脫軌現象，特別具有說服力。只要在腦中所想的觀念或對事對物的看法，若不能天馬行空、愈扯愈遠的話，將無法使人感動。

在構想工作室中進行「Chattering」時，所造成的脫軌現象也是同樣道理，而此脫軌現象並沒有分邏輯脫軌及理論脫軌之別。這個脫軌現象成為寶貴資訊的來源，也唯有在自由自在，不受拘束的閒談氣氛中，才有可能得到此一資訊。

如果因話題脫離主題而造成脫軌現象，反之在談話的當中有不同的主題或人物插入，或有人在別人說話時插嘴問到：「你在談些什麼？」這些以中途闖入，並不知道話題進行的過程為何，必定會使正在談話的人感到十分困惱，還得從頭說明談話的內容，原本正談到興高采烈之時，卻被此一插嘴打斷，有如潑冷水的掃興。

但是以「Chattering」的宗旨來說，這才是最受歡迎的，因為他能獲得意外之收穫。例如：有一天太太在家中舉辦學校家長幹部會議，當一群太太們正在談話時，如先生剛巧回家，也想加入太太們的談話中，雖然他太太覺得很為難，但仍繼續討論學校即將舉辦的演講會的講師人選為何？

聽到此，她先生馬上十分熱心地逐一列出候選者名單，並一一加以解釋說明，而人選的範圍包含了吉他演奏家、畫家、藝術家、大學教授等多采多姿，不一而足。而最後討論的結果因為經費的緣故，她先生所列舉出的候選名單中，沒有一個雀屏中選。可是這群太太們以這位先生所說的話中，獲得許多知識，滿載而歸。這就是「Chattering」發揮效用最典型的例子。

4 提出性質不同的案子比優秀的案子更具效果

不讓特定的人大唱「獨角戲」的方法

在電視節目中廣受歡迎，且人氣頗旺的「早晨的現場節目」，從某一層面來看可以說是構想工作室最理想的狀態。無論如何每次都能製造出驚人的盛況，你可以看到擁有非常高學歷的知識分子，被逼得滿臉通紅，情急之下脫口罵出：「笨蛋」。這都是因為主持人，田原總一郎先生高超的技巧，突出的表現所致，他擔任在前面說過「六種角色」中一夫當關萬夫莫敵的說客，巧妙地加以誘導特別來賓說出真正的心聲出來，最後才以壓倒性、權威式的下結論。

在這個節目中，出席的來賓圍著一張橢圓形的桌子而坐下，田原先生二邊所坐的人大致上是固定的人選，從田原先生看到的右側是大島諸先生，左側是西部邁先生，有時是野坂昭如先生，這樣的安排是有他的道理的，坐在田原先生兩旁的人是所謂的喜歡唱獨角戲的人，他們具有只要一說得起勁，便會目中無人，一個人持續不停地說的傾向。

把這些人安排坐在主持人的兩旁，將會使獨角戲受到相當程度的控制，因為發言者均會朝向主持人而說話，在下意識中一面看主持人的反應如何，一面決定是否繼續說話，如果主持人把頭轉走不再看他，自然地將會降低他的發言意願。

而坐在主持人身旁，視線是不可能自然地與主持人對望，假定臉朝向主持人，欲與其視線相投時，但主持人卻朝向正前方，這時是不可能對望的。所以主持人在自然而然之中，採取了無視於他的存在態度出來，他在沒有可以搭話對象之下，很難會開口發言的，自然降低了他發展出唱獨角戲的可能性。

在構想工作室裡以出席者擁有平等的發言機會為原則。以主持人而言他必須做到少發言，多鼓勵出席者發言，同時極力避免一個人大唱獨角戲，但在唱獨角戲的發言過程中，要避免用語言直接去阻止的動作，例如說：「請你說到此為止。」這樣直接用語言去打壓，會使全體與會者籠罩在一股不愉快的氣氛中，使其他人也不敢輕易發言。

因為主持人必須具備自然地將唱獨角戲者「停止再說話」的技巧，所以讓他們坐在主持人的身旁有預防之效果，但有時出乎意料地坐在正對面的人卻大唱起獨角戲來，在此時主持人可以故意把一些東西，例如硬幣、湯匙等掉落在地上，儘量製造出吵鬧的大聲音來，比較具有效果，當發出「卡拉、卡拉」的大聲音時，起身說到：「對不起」而後拾起掉落物，這時唱獨角戲的人，他流暢的思緒必定受到相當程度的冷卻作用。另外或是故意打翻茶杯也頗具效果，可以完全達到中斷發言的目的，等把桌子擦拭乾淨以後，就可以名正言順的指定其他人發言。

或者事先跟後台的人商量好，只要打出某些暗號或訊號時即送出茶水或果汁等，或通知主持人接緊急電話等手段，配合著喝獨角戲的嚴重程度，而作適度的發揮運用之。

以上所說明有關於會議技巧是根據美國一本書中記載的構想，美國真是一個注重技巧及專業知識的國家，其對於人類心理狀態之具體研究精神，令人折服不已。

在構想工作室裡非常尊重「不同的意見」及「不同性質的想法」

有位母親一面苦笑一面說道：她有一個唸高中的女兒，個性特殊與眾不同，常常在上課中問一些稀奇古怪的問題，被視為妨害教學，因此她的媽媽頻頻被校方約談，有一天的約談時她媽媽抗議說：「我在入學審查時已明白告知校方，我的女兒異於常人，希望能不准她的入學，但學校卻送來一紙合格通知書，所以我不再為此負責，以後有事請直接找我女兒，不要再約談我了。」

學校方面也採納了媽媽的意見，以後真的不再約談媽媽了。初中高中是一貫教育，同時也是主張個性教育的地方，媽媽這種乍看之下非常特殊的發言，居然也被接受。

若在日本普通一般性的學校會如何處理呢？他們大概會認為有其母必有其女，二個人均被開除。

我有一個朋友在當心理治療家，他說現在學校裡的老師多半把孩子看成一種類型的花，例如班上有四十個學生則全部小孩都看成櫻花，在不知不覺中會去比較他們的優勝劣敗。而我認為如果把有些小孩看成向日葵，有些視為菫花，就不會去做比較，這麼一來，老師和小孩之間的關係自然舒暢和樂多了。

如果從小時候即不斷被灌輸唯有勝過他人才是好的話，那麼在如此競爭激烈的社會裡，不知會有什麼樣的後果呢？

我在以前即對於為什麼諾貝爾得主，偉大的藝術家及排名前茅的財閥多半是猶太人，感到百思不得其解，直到我去以色列訪問時，才找到答案。我發現猶太式教育和日本式教育迥然不同，猶太式教育並沒有教小孩要「比同學更為優秀」，而只是教要「跟其他人不同」而已。

當我聽到此，我才恍然大悟，也許如此形容有些誇張，但日本人之所以常被批評為欠缺獨創性，只會模仿別人，其理由也在於此。

猶太人所召開的會議與日本人的會議也完全不同，在日本人的會議中，先由主持人大略說明主題為何，而與會者常被頻頻催促才會發言，提出意見來。反觀猶太人的會議上，全員等不及主持人說完主題即爭相站起發表意見，贊成和反對聲浪交雜其間，主持人想制止也無效，結果是主持人大聲叫著「安靜！安靜！」的狀態時而可見，這表示著每一個人的意見均不同。

前些天我聽到一則有關聲寶公司榮獲當年度的日經暢銷商品獎有趣的軼事，那年聲寶公司所推出最為暢銷，且特殊的商品為「液晶攝影機」及「電腦個人字典」。聽說聲寶公司開發新產品的宗旨為「不是比其他公司產品更優秀，而是要和其他公司不同性質的產品」。

另外主婦們津津樂道且成為熱門話題的是夏普公司的單槽洗衣機及有特殊製冰器的冰箱，這種特殊的製冰器不同於一般製冰器，在取冰時是以雙手扭轉的方式得之，而是在冰箱的下面裝有一個小把手，只要單手轉動，冰塊便會自動掉到下面的盤子裡，如此簡單又方便，連小孩都樂此不疲。

最近國民普遍對政治均漠不關心，原因也可能在此，因為不管是誰執政，好像是金太郎糖果一樣，所說的和所做的均一致，毫無樂趣可言。

本書之主題的「Chattering」日本原文為「雜談」，其中之「雜」意味著不整齊的意思，而「雜」在『廣辭苑』中的解釋為「許多種的東西，混合而成」。愈是有不同的意見，也就愈能產生出雜談的優點出來，同時也代表產生雜多的思想，因為各自說出不同的意見，才能窺探「雜談」的真正面目，本來意見應該就是要「不同的意見」，所以雜談安產生出有創造性的效果，必須尊重每一個人「不同意見」和「不同想法」，才是最理想的狀態。

前面所提過的「班級異端份子」，在此良好環境中成長，遲早會成為一位「雜談高手」。

在構想工作室裡必須要有「為反對而反對」

現在人氣很旺的作家落合信彥先生在他的作品中提到，他的作品均仰賴他的絕佳採訪技術而成的，他被譽為採訪高手，因為他擅長以黑手黨，或美情報員，或極為保守秘密的人的口中，巧妙地、不露痕跡的誘導他們說出真正的心聲。他的秘訣在於惹對方生氣，只要他發覺對方根本不肯說出真心話時，落合先生會故意提起對方不願被提及的事或是弱點來激怒對方，然而在完全和採訪主題無關的口角中，巧妙地引出對方說出真正的心聲。

在電視上以「討論節目」為人所知悉的田原總一郎先生，也同樣擅長使用此方法，他可以若無其事的向政治家們提出令聽眾感覺十分緊張，敏感的問題，而故意惹怒對方，跟著緊追不捨、追根究柢，使對方喪失自制力而吐出心聲。

像這種技巧大可運用於構想會議之中，當會議的領導人或主持人只要發現話題偏向某一方面再繼續談下去會陷入停滯中，在此時要故意提出反對否定意見，以便刺激與會者。

例如要決定新產品的顏色時，出席共有十人，當中有七個人主張紅色，二個人主張藍色，一般根據多數決的原理會決定用紅色，且確實在此時大家均認為紅色是最理想的顏色，而沒有必要再充分檢討之下的時候居多。

這時領導者（或主持人）必須說：「我反對用紅色。」藉此讓與會者的頭腦有冷卻之機會，假如自己也認為紅色比較好的情況下，如果沒有經過充分檢討而遽下判斷，必須故意提出反對意見。

由於領導者持反對立場，藉此故意刺激員工，而使與會者會再一次深入檢討紅色是否真的最恰當？

構想工作室裡的刺激方法有二種：第一種刺激是屬於邏輯方面的，以前面提過的新產品顏色為例加以說明：「紅色是二十幾歲的人偏好的顏色，可是三十幾歲的人會如何呢？」提出冷靜的邏輯面的反對意見，這是對於會議氣氛過於高亢或意見過於偏向某方時，有冷卻的效果。

反之當會議中的發言不夠踴躍或話題停滯不前時，這時可發揮感情面的刺激效果了。譬如故意說：「若只能提出這些不起眼的意見，我們公司將沒有前途可言。」使員工們奮發圖強，唯有激怒他們，才能誘導他們說出真正心聲來，這也是落合信彥式的技術法。另外在有人得意洋洋的堅持己見的時候，給予感情面的刺激有如潑冷水一般，因為這時只是一個人得意忘形，而致其他人感到掃興無趣，當然話題也無法順利推展。

除此之外，感情面的刺激也擁有平衡之力量，以免話題一面倒的傾向。因為多數人的意見會形成一種壓力，會迫使少數人的意見消失於無形之中，這時領導者說：「我認為這邊比較好。」刻意地去偏袒少數人的意見，雖然多數意見派的人會感受到打壓而不高興，至少會產生「那麼我們再次檢討一下吧！」的心態，同時少數意見派的人會得到鼓舞的作用，那麼議論將再度活性化起來。

因此，故意投下反對意見或否定的想法時，是使構想式會議再度活絡的動力，但有時也會因為此一變數而使場面陷入感情用事的氣氛中，但若想得到構想時，必須要有此魄力不可。

第五章

「構想工作室」的作業規則

1 一切活動作業是以give and give（給予）為最高宗旨

想成為構想工作室中的「高級成員」的條件

為了要得到充實而豐盛的收穫，參加構想作業的人，其素質高低與否是很重要的因素。如果與會者均為一時之選，能充分檢討、議論構想，話題也豐富多樣，那麼與會者大多能感覺到既快樂又充實。

而所謂的一時之選的人，意味著這些人在知識和經驗方面均豐沛，為不可多得之人，為了想成為那樣的人，自己本身非努力去追求不可，這也是非常重要的一環，而想成為「高級成員」的條件是什麼呢？

首先眼見各式各樣的東西，即先行分析。例如：逛街也是方法之一，你可以到澀谷或原宿街頭去逛逛，隨意瀏覽一下，並觀察街景及來往絡驛不絕的青少年的衣著服飾等，進而了解現代青少年的文化和時尚流行些什麼？才可以分析商品動向，提供商品市場走向之參考。這就是以一般的逛街觀察活動中，帶給我們許多資訊。

很久以前有一本小田實先生的有名著作『什麼都要看』，這是一本報導文學，內容是記錄小田實先生是一位得了美國客布業特獎學金的留學生，在他學成歸國途中，周遊各國旅行的親身經歷。當時正值二次大戰結束後不久，並沒有噴射飛機（巨無霸），旅途的交通工具不是船就是火車和巴士，再不然就是用雙腳徒步。

以現代年輕人來看，是相當不方便又簡陋的旅行方式，可是這卻是一本描述各國人民風俗習慣的自然之旅，每每有新奇的發現和感動，帶給讀者無限新鮮、感動的一本作品集。

若能像小田實先生那種方式去周遊列國，相信就能得到寶貴的體驗，認識外國人，進而了解外國人的生活習慣、和價值觀，自然對於擴大自己的視野有很大的幫助。

我認識一位於男性週刊雜誌任職編輯的人，他只要一有空便去百貨公司逛逛，我曾好幾次碰巧於百貨公司的地方食品專賣場或電器製品的專櫃裡遇見他，彼此均有些難為情，便隨便說說：「喲！你也來逛逛！」而分道揚鑣。但事後我心想「他之所以常來逛逛，一定是受他太太之委託而來買東西的。」前些天，我遇到一位也認識他的朋友時，這位朋友也提及他常會在百貨公司遇見他。於是我問到：「他真體貼他太太？」這位朋友笑笑地說：「不是那麼一回事，事實上他常逛百貨公司的目的只為搜集資訊而已。」

的確，百貨公司是豐富多樣的資訊來源，據此材料可以分析、判斷消費動向和景氣程度如何，只要看看排列井然的商品及人潮的聚散，即可了解消費動向、公司經營日標和產業結構之變化了。

我所認識的那位編輯，靠著逛百貨公司來搜集他想得到的資訊，並從中得到週刊中所須之企畫案的啟示。對他來說，百貨公司正是資訊的大寶庫。當然最重要的是，無論是在散步或逛百貨公司，一定要刻意地去搜集資訊才行。

例如出外旅行時，不要住在經常去的那家飯店，每次均要講究更高級數的飯店，或者求教他人那一家飯店才好，雖然住進固定常住的飯店裡，彼此互相了解而方便行事，但是住進一家從沒來過的新飯店，將可期待新資訊的出現，不是挺好嗎？

談話中不要一直說「我」而要多增加「我們」的次數

著名心理學家雷賓的學生們曾做過下面的實驗，他把孩子們分成二群，分別擔任面具的製作工作，在A組中設定一個具有專制風格的領導組長，B組則推派一位富有民主風格的領導組長。

A組的組長不會告訴小孩該做什麼，只說：「你是負責剪紙的。」「你是貼漿糊。」如此分配工作，一直等到作品完成之後，才得知自己做了些什麼。

相對的，B組於事前即先給小孩看完成品「要做這樣的東西」，然後一面跟小孩商量一面決定工作分配的範圍。

先問：「誰最擅長用剪刀呢？」以如此方法來分擔工作任務。

然後觀察做作業的經過，AB二組之間有顯著的差距出現，首先是A組大家均默默的做著交代的作業，幾乎沒人交談，然而卻是呈現出以個別發揮來討好領導組長的態度，一點也看不出具有同樣意識。

反觀B組卻是非常熱鬧，小孩對其他人的作業會主動提出：「那邊要長一點才好。」雖然AB二組所完成的作品並沒有多大差別，但若以滿足度而論，則B組小孩的程度較高。

再深入加以觀察，才發現A組小孩之間的會話是以「我」、「咱」屬於「I」的居多，而B組是以「我們」、「咱們」屬於「We」的較多、對於A組小孩而言，他的作業是「因為被交待」是消極的，且是個人性質。B組則是「大家一起去做」

，過程中充滿了喜悅是一個共同創造的作業。

若把這種感覺對應到實際工作上，將使人更清楚明白。若全然不知工作的全體流程的話，只做上司所交代的事，令人產生自己只是組織中的一個小齒輪感覺而已，此種狀態持續下去，不久之後對他人及公司的問題都視而不見，毫不在乎，而躲在自己的工作世界了。但是能理解到工作全貌，同時又擁有目的意識的人，就算做同樣的工作，也能以積極進取的心去挑戰他。

構想會議也是如此，一開始多半是屬於「我是這麼想」、「我想要做什麼」這種個人性的意見，等到會議氣氛熱絡之後，屬於「我們……」、「我們的單位裡……」的說法漸次增多。相對地當會議中說出「I」而不說「We」之時，可以判斷與會成員尚未熱絡起來。所以在會議中主持人的任務是明確說明開會的目的，陳述課題概要，並積極誘導成員發言。

2 作業開始及結束時不可設限

構想會議並不追求急就章的結論

最近我一有機會與公司經營者見面時，均會大力推薦他們使用閒談或「Chattering」來進行構想手法，日後我從那些人的報告中得知，他們均興趣盎然，有些人的會議非常成功，有的人則是毫無效果可言，其中情況各不相同。我之所以能寫成這本書，完全是得力於這些數目龐大的實例。

但是面對一些不順利又不成功的報告，我感到相當的難過。如果對方說：「始終都沒有辦法獲致成功，到底是什麼原因？」於是再度要求我給予一些建言。也有人說：「我不要再使用那種方法。」這句話給我打擊很大。

前些天有一個例子，有位董事長很生氣的對我說：「自從聽了你的建言，我採用了『Chattering』的手法，結果浪費了許多寶貴的時間。」雖然我並不打算加以反駁，但卻十分想知道原因出在哪兒？於是請問他詳細情形。

但是這個個案與前面介紹過的公司都不相同，這家公司所採用的「Chattering」手法，並沒有問題。關於與會者的選拔、人數多寡，環境上的考量均按照我的建言去做，雖然萬事俱備，但結果仍是失敗的例子確屬少見。這真是一個相當棘手的問題，於是那位董事長要求我再度進行一次更詳細的調查。

結果我仔細聆聽出席者的話，從中才發現事情的真相。那次的「Chattering」並沒有失敗，當場氣氛也很熱絡，也獲得一些有意義的意見，但是缺乏一些具體結論，可以向董事長提出明確的成果報告。因為董事長並未參加閒談，所以他並不了解開會的實際情形，只聽到沒有結論的報告而直覺判斷「浪費時間」而已。而與會者的感想多半是「這種有意義的會，應該再度舉辦才是。」

在正式的會議中均有設立固定主題，如不能作成結論，將被判為失敗的會議，關於這點是與以閒談做為會議的構想手法有很大的差異。雖然閒談也有設定主題，但並不是非要作成結論為閒談的宗旨，在閒談中最重要的是活潑的發言，而不是在固定時間內得到結論為目的。唯有在種種眾多的意見被逐漸歸納凝聚共識時，才有可能自然地作成結論。如果說當意見不能得到共識，把會議結束也無不可，只是有時會嚴重地脫離主題，所得到的結論與當初所設立的主題迥然相異，所以把閒談當成一種構想手法，才是有意義的事。

無論做任何事，先決定主題雖然也是很重要的事，但如果受限於主題的話，將無法自由地去發展。

所以不急於作成結論，反而期待由「Chattering」中產生出自然，生動的活力，這才是將閒談的構想手法納入公司活動中最重要的地方。而將不能得到結論也視為一種結論，這樣才能理解以閒談為構想手法所耗費的時間並不浪費。

以「閒談」當作構想手法時，仍需設定彈性規則為最理想

現今有許多非常有意義的集合，例如：跨越不同業種的董事長們的早餐會，或者各行各業的人士匯集一堂的讀書會等等。實際上觀察其內容會發現他們均太墨守成規，不足稱為「閒談的構想手法」的時候居多。理由是因為與會者大多擁有明確的目的意識，是為了自己的工作而前來開會的，並且要從不同行業的人身上收集資料，以便作為自己工作時的參考。

於是在會議場上所提出的話題一律與工作有關，甚至還達成某種默契禁止談論跟工作無關的話題，雖然如此，在公司同事之間的談話也很有進展且更推廣開來，

但是跟閒談的本義卻相去甚遠。而如果有禁止的話題出現，將很難產生嶄新的構想，只能單純以交換資訊而結束此會。

在有採用「Chattering」形式的公司中，能了解其真諦的人還不在少數。一般常見的是雖然稱之為「Chattering」，但事實上還是有設定一個目的，而且要順著這個目的發言的話題，才被肯定是正規的開會方式，所以只要話題一偏離目的，會場上的主持人馬上會進行軌道修正工作，這種外表雖稱為「閒談」，但實際上跟普通會議沒什麼不同。

另外，還有一種例子是明白表示這雖然是閒談形式的會議，也要在會中得到優秀的企畫案不可，所以不能事先限定非得在會場上決定出優秀的企畫案，因此與會者必須擁有「這只不過是閒談而已」的意念，是無法得到優秀的意見或傑出的企畫案。

為了要使閒談能更具有閒談的價值，必須排除一切的規則和禁忌才是，同時也不要訂定形式或主題，更不要有範圍，而要以營造出話題能自由發展的環境最為重要。就算話題始終侷限在範圍內，而不是期待中的話題出現，也要以寬大的胸襟去接受他，並加以肯定才是。

從另一方面來看，就算是閒談，如果沒有遊戲規則也無法順利進行。例如在親密朋友之間的閒談，根本沒有原則可言，想什麼即說什麼，大家談笑風生，因為彼此間早已經交談過好幾次，其中早有默契存在，對於角色的分配，包括誰提出話題，誰下結論，早有規定可循，所以就算不刻意訂定遊戲規則，話題也能順利自由的開展開來，萬一與會者彼此之間不是很親密的朋友關係，大家集聚一堂，想依樣畫葫蘆，談何容易，只是在互相刺探，摸索中浪費時間者居多。

因此，在大家尚未熟識之前的閒談時，最低限度要有規則，例如：決定主持人或催促一向寡言的人也要起來發言，對於這種規則我稱之為「和緩的規則」，另外以閒談當作構想手法時，應該在放鬆精神的氣氛下進行才好，但在全然放鬆中也要有適度的緊張感，才會產生出好的意見，因為「和緩的規則」正是具有給予適度的緊張感最佳的效果。

構想會議最好以六十—九十分長為限，時間過長效果遞減

我在大學授課時，常受到各種問題的質疑，特別是新學期的一開始，學生固定會提出如下的疑問。

內容是：「高中上課一堂課才五十分鐘，但大學授課時間卻有九十分鐘長呢！」的確上了大學，授課時間卻延長了，這群大學新鮮人還真的很難習慣過長的上課時間。

那為什麼大學的授課時間規定為九十分鐘呢？因為大學的授課內容和高中時代的不同所致，他的內容屬於專業知識領域，並不像高中只是填鴨式的上課方式，而且大多以重視思考式的上課方式為主。例如：教授為了要說明有關某一主題讓學生能充分理解其內容時，五十分鐘稍嫌太短，為了要讓學生理解專業知識，的確需要一段時間才夠，大致上九十分鐘左右的時間比較適當。

再說大學的授課時間不像高中需要天天上課，一個講座頂多是一星期一次，難免有人會想那麼不只定為九十分，延長為二、三小時，豈不更好嗎？

可是站在聽課的學生立場而言，他們聽專業知識的能力極限大約在九十分鐘左右為限，一個普通人聽力的注意程度以持續九十分為限度，只要九十分鐘過去了，人的注意力會急速喪失中，對於此點並不限於大學授課，在閒聊中也應以九十分鐘為一單位最恰當。

像我在接受訪談及跟人面談時，當快超過九十分鐘的時候總要休息一下，例如

：外出賞花觀木，或看電視新聞報導等，經過如此散心休息之後，重新回到座位上再次開始工作，這是我的一貫作風，千萬不要小看只是那麼短暫的休息，對於轉換心情卻有頗佳的效果。

據說人體的身體節奏最適合的時間以九十分鐘為一時段，例如睡眠節奏也大約以九十分鐘為一周期，由淺眠而深眠，如此周而復始，就算在午睡時，若只睡了一小時即被人吵醒，便會覺得睡眠不足的樣子，這是因為在睡眠節奏中被中斷吵醒之故。

可是睡足了九十分鐘之後被吵醒，心情早已煥然一新，可能是因為睡足了一段睡眠節奏九十分所致。

由此可見，要採取適合身體節奏之行動，才能得到舒服，快速而有效率的益處，因此把閒談當成構想技巧之時也應該以九十分鐘作為一個指標才是。

因為假定尚未到達九十分鐘，只怕氣氛還未熱絡，高亢，即草草結束了，至於超過了九十分鐘，又會喪失注意力，使閒談的構想手法效果也急遽地淡化下去，所以時間之長短控制和管理，也是閒談技巧的重要因素。

「閒談方式」要趁興致高亢時中斷才好

當你正在閱讀偵探推理小說時，因為某種因素必須暫時中止，那麼對故事情節一定會耿耿於懷，久久揮之不去。例如：上場的人物、情節的推展、推測誰是殺人兇手，均會一一浮現眼前，迫不急待想知道續篇是什麼。甚至有時有中斷工作，先跑到附近書店一睹為快的衝動。這種事情因為中斷之影響所及，久久不能釋懷，必須完成被中斷之續篇為止，稱之為「中斷課題之再生傾向」。

有一位學者叫做「Qbsiankina」，此人一向研究這種人類心理狀況，又有一位學者叫「Zegalnik」也作過實驗結果證明：人對於「中斷的課題」比「完成的課題」記得更清楚。

例如：先分成二組，同樣是給予二十個問題，其中一組在回答時刻意阻撓，使其中斷回答題目。另外一組從頭到尾都不干擾，讓他一氣呵成的完成題目。結果日後讓這二組人回憶問題的內容是什麼，實驗結果證明，順利完成的那一組幾乎記不得內容是什麼，而中斷的那一組卻記得一清二楚。

可見得因為某些理由被中斷之後，他的腦中會留下殘存的印象，而強迫的被記了下來。可是一旦順利完成了，無論在意識中或腦中均產生「完了」的意念，因此很少會留下殘存的記憶。

這也是說被中斷的資訊，在腦中呈現出「未處理」的狀態，而完成的資訊相對地在腦中呈現出「處理完畢」的狀態。

不只是偵探推理小說如此，把閒談作為構想手法的場合中，也大可運用這種「中斷課題的再生傾向」的效果。遇到大家閒談得興趣盎然、十分起勁時，一下子中斷會議，將使大家意識裡久久殘存著印象，十分期待下一次的閒談，且閒談的內容也成為鮮明的印象，不易散去。

如果換作已經閒談了一段長時間之後，總算得到一些有規模的結論時，以「我太累了，不能再繼續談下去」的理由而結束此會的話，還虧大家花了那麼長的時間去討論，但結果留在腦中的內容記得並不多。可是趁大家閒談興趣正濃，氣氛熱絡之際刻意中斷「我看今天到此為止……」，結果人人心中牽掛著閒談的內容，而在回家途中，會持續著說不完的話題。

而且還不只如此呢？萬一隔天在電車上遇見昨天的成員，又再度開始聊起「我們昨天所談到一半的話題」，甚至連一個人獨處之時，還會持續牽掛閒談的內容，時而自已下定結論，時而為話題加油添醋一番。

所以中斷話題的「效果」，很像是「軟炭」（即未燃燒完全的木炭），而所謂的軟炭即是燃燒過一次的木炭，並未完全燒盡，只是燃燒到某一種程度而已，趁其火勢最強之際，把他直接拋入悶火罐裡，使他冷卻，刻意要熄滅他。這個軟炭待下次使用時，又可引火且長時間保持火勢不滅。

所以刻意中斷閒談，也具有軟炭同樣的效果，再說刻意地中斷，待下一次再談時，不但容易引火，且火勢維持更久，所以聰明的主持人要能積極靈活運用這種閒談的「軟炭效果」。

英國議會能靈活運用構想工作室的原則

有一句形容棒球非常貼切，且富趣味的話是「他是沒有故事情節劇本的戲劇。」在一齣有故事情節的戲劇裡，只要劇情精采動人，便可精密的計算使故事情節自然地開展，當然呈現出是有趣味性的。但是他的結尾並非偶發性，而是事先規畫出的結尾，並帶給故事本身一種機動性的秩序感，而令續者感動不已。

可是棒球運動，當然不可能事先準備好結局，除非有放水之嫌，否則誰也沒有辦法預知比賽結果，所以這才有趣。

例如在三比〇甲隊領先的九局後半，二人出局且滿壘，球數是二好三壞時，想不到乙隊的打擊手儘情揮棒，擊出一支又高又遠的再見全壘打，而逆轉局勢、敗部復活。如果是事先準備好的劇情，就毫無精采可期。

在沒有劇本的運動中，能轉敗為勝，一年之中演出一次，已是難能可貴了，因為受到偶發性的主宰，才特別具有想一探未知的魅力。而且人們總是對未知領域充滿了神秘感，像「再見全壘打」這句話最能道出個中奧秘。

而「Chattering」即閒談的魅力，即在於「沒有故事劇本」，有句成語「談論風生」，這個「風生」的說法最能道盡他的特徵。「風」代表毫無阻礙、自由自在、可快可慢、時而談論時而停止，也就是活潑生動的交換意見，我真是佩服古人遣詞造字貼切的感覺。

所以，創造性閒談的大原則之一就是不要有故事的梗概，本來有劇本的議論，他的本身就是一件離譜的事，但是那件離譜的事，卻在日本國內最高的民主殿堂上，毫無顧忌地上演著，那是說在日本國會中。

凡是看過電視實況轉播的人，均了解到在國會的會議場上並沒有進行真正有意義的議論，他們只是一方宣讀事先準備好的演講稿子，另一方則回答如儀，簡直是普通的演說會場而已，無論是民代質詢或政府的答辯，數十年如一日，內容枯燥無味，不知變化，幾乎所有的議程均按照官僚們的籌畫劇情而依樣行禮如儀。

我們看到像自民黨、社會黨、共產黨等等各個政黨均自說自話，不過最近因為執政黨與在野黨頻頻轉變，使人難以分辨孰主孰客，但一般而言，執政為主的心聲有時會做改變，但在野為客的原則卻大多維持不變。而最近社會黨朝令夕改的轉變速度令人瞠目咋舌。

像同樣是國會中的各項預算委員會裡，雖然因議案或問題不同，有時也會出現緊迫釘人的一問一答，頗值得一看，可惜大多流於極力追究貪污弊案，缺乏一些前瞻性的建設問題而已。

姑且不論有沒有前瞻性的建設問題，根本在國會議場上不可能發生透過議論來達成民意所託付的事，在會場上通行無阻的是虛有其表的質詢和答辯，及政治權力的鬥爭而已，實際上，進一步由幕後「國會對策」的委員會，私底下議標或圍標來決定重要問題，因此我們可以說日本國會幾幾乎是一齣「有故事劇本的鬧劇（搓湯圓）」而已。

反觀英國的議會，他們真的是如假包換的議論，無論是執政黨或在野黨都各就其位，隔著議會廳堂空間而坐，而中央以首相為主，其閣僚們也紛紛坐定，各自莫不使出渾身解數，或真刀真槍或舌槍唇箭地毫不留情，如果一方說了些什麼，另一陣營的人馬上潑他冷水、揶揄、嘲諷他一番，大家均以真面目示人，會場上充滿了詼諧、幽默之話，引人哄堂大笑，且使得議論有交集而形成結論，這才是活潑生動的議論，也是談論風生的真正樂趣所在。

英國國會並不會像日本國會一樣，當部長接受質詢時會回頭找局長或事務次官商量後才答辯，在英國看不到這種迂腐陳舊的情景，雖然有時也會看一下身後幕僚所寫的備忘錄才作答，但基本上他們是不會照本宣讀，一副官僚氣十足的答詢。

美國議會也跟英國議會一樣，據說他們根本不排定民代質詢時的優先順序及發言時間，因此大夥莫不使出看家本領去應付，而像甘迺迪前總統在議會答辯時，被錄製下來，成為暢銷的錄音帶，這在日本簡直是天方夜譚。

可見得不管是美國或英國的議會，均靈活掌握著創造性閒談的大原則，想必這一定是在長年歲月傳統議會制度的民主主義累積下所得到的成果。

3 在批評之前最低限度要拿出替代方案作為遊戲規則

政府的實權都是操縱在檯面下，私人閒談中，這是比表面正式會議更管用的

說極端一點，日本的政治在正式的國會議場上也不具什麼影響力，幾乎都是靠幕後的閒談來操控的，這個閒談與其說是推心置腹而說出真正的心聲，不如說是「密談」，來得更合乎實情。

所以那些政客不論是在正式院會、委員會、審查會或公聽會上等等，均不可能透露出他們真正的心聲，他們所說的只是虛有其表的原則性發言而已，那些原則若還有內容可言，則大半屬於一些空洞乏味者居多。

例如在電視節目中看到日本國會的議題是日本該不該連任聯合國的常任理事，有一民代質問執政黨的秘書長說：「先擺開政黨立場不論，以你私人看法而言，你是否贊成呢？」

結果他答：「你問我贊成或反對，但對於這個問題，一切還言之過早，此刻全國人民似乎從未真正正視此一議題，所以今後我們應該要更具有前瞻性的，更認真的來討論此一問題。」說老實話，真是好笑，說了半天根本沒有回答問題，聽後只覺得空洞無物。

原來日本政客練就一身好本領，雖然在實質上並沒有真正回答問題，但卻給人一個假像，彷彿他已經答覆的技巧。

在聽了各個委員會之間的周旋及往返問答時，只有使聽的人更按耐不住，心焦氣急而已。凡事當對方問起，也幾乎不回答任何實質上的問題，假定你先問他問題，他回答：「我認為這個問題很重要，連美國方面也十分注意……」。當你進一步再問他，美國方面又如何，他說：「關於這點，美國也有各種不同的看法……」如此的應付。

可見在檯面上從頭到尾都是形式上的周旋而已，骨子裡再透過幕後的實際交談進行斡旋工作。羽田政權時的小澤一郎、市川雄一先生私下面對面會議，即是非常有名的例子。

另外最近也聽到自民和社會二黨的連合政權的成立過程也是透過村山富市、梶山靜六，二人的「二山會議」而產生的。這二位先生都是國會對策委員會的委員，連官邸都是仳鄰而居，二位的官太太也交往密切，如果真的是因為官太太之間的閒談而促使連合政權的誕生，那應對於現代的井邊會議（抱歉！失禮啦！）也不可輕忽、小看。

在創造性的閒談中會出現雖然標榜具前瞻性但卻是「朝令夕改」的

以科學面的觀點而言，時間流程的速度是固定不變的，可是歷史流程的速度卻不一定相同。例如：江戶三〇〇年太平盛世的潮流和幕府末年到明治維新的這十數年的潮流速度顯然是不同的。

在這涵意上，自從東西世界冷戰結構被瓦解之後，至今世界情勢激烈變動之程度令人瞠目咋舌。反觀日本自民黨五五年體制崩潰至今而引發的政變丑劇，在在道出日本也不敢稍落於世界潮流之變化中，並且隨他而產生變化。

在此節骨眼上，能否體會出急速時代流程中的意識，變得十分重要。而公司的經營也一樣，如果還以七〇年代的那一套經營方式管理的話，根本不可能生存下去。而公司規模愈大的話，愈需要繁瑣的手續才能決定方針，這樣表示公司組織已僵硬化，就像身體引起動脈硬化一樣。

以日本的產品而言，如果在以前應付消費者只要「東西好又便宜」就夠了，想不到現在進入「需要更新更快」的時代來臨了，除非新構想不斷地採取新方式以適應新時代，否則那麼巨大的恐龍也只步上絕跡之途。

同樣的像討論經營上的重要案件，也無須正經八百的開會來議論，務必只召集真正需要的人，在閒談「Chattering」中作出決定即可。這樣的形式，也沒什麼不好，而且速度快，也不白費心機，就算已經決定的事，只要出現更好的方案，立刻更改又有何妨?根本無須拘泥於形式。

所謂的「朝令夕改」一般代表沒有「恆見」，當然不是正面的涵意，但是只要定好更棒的目標，這樣更改又有何不妥。

以前的細川前總理任職時，曾經推出國民福祉稅的方案，想不到隔天又撤回等情事，受到媒體交相指責，批評為「貴為一國之總理，怎可如此出爾反爾」。但依我的看法，我是大大贊成他的作法，能知錯必改，該撤就撤換，比死愛面子要聰明許多，所以早上決定的事，到了黃昏出現更好的方案，說改就改毫無顧忌，萬一缺乏機動性，哪跟得上急速時代的潮流呢?

所以新力公司大力倡導「朝令夕改需給予鼓勵」，凡是構想百出，持續躍進的公司，很少會被淘汰的，否則那能適應於激烈時局中。再說這種公司凡是要做重要決定的會議，大多採取閒談沙龍形式居多，這種雷同性絕非偶然。

・法律專欄連載・電腦編號58

台大法學院　法律學系／策劃
法律服務社／編著

1. 別讓您的權利睡著了 1　200元
2. 別讓您的權利睡著了 2　200元

・秘傳占卜系列・電腦編號14

1. 手相術　淺野八郎著　180元
2. 人相術　淺野八郎著　150元
3. 西洋占星術　淺野八郎著　180元
4. 中國神奇占卜　淺野八郎著　150元
5. 夢判斷　淺野八郎著　150元
6. 前世、來世占卜　淺野八郎著　150元
7. 法國式血型學　淺野八郎著　150元
8. 靈感、符咒學　淺野八郎著　150元
9. 紙牌占卜學　淺野八郎著　150元
10. ESP超能力占卜　淺野八郎著　150元
11. 猶太數的秘術　淺野八郎著　150元
12. 新心理測驗　淺野八郎著　160元
13. 塔羅牌預言秘法　淺野八郎著　200元

・趣味心理講座・電腦編號15

1. 性格測驗① 探索男與女　淺野八郎著　140元
2. 性格測驗② 透視人心奧秘　淺野八郎著　140元
3. 性格測驗③ 發現陌生的自己　淺野八郎著　140元
4. 性格測驗④ 發現你的真面目　淺野八郎著　140元
5. 性格測驗⑤ 讓你們吃驚　淺野八郎著　140元
6. 性格測驗⑥ 洞穿心理盲點　淺野八郎著　140元
7. 性格測驗⑦ 探索對方心理　淺野八郎著　140元
8. 性格測驗⑧ 由吃認識自己　淺野八郎著　160元
9. 性格測驗⑨ 戀愛知多少　淺野八郎著　160元
10. 性格測驗⑩ 由裝扮瞭解人心　淺野八郎著　160元

11. 性格測驗⑪ 敲開內心玄機 淺野八郎著 140元
12. 性格測驗⑫ 透視你的未來 淺野八郎著 160元
13. 血型與你的一生 淺野八郎著 160元
14. 趣味推理遊戲 淺野八郎著 160元
15. 行為語言解析 淺野八郎著 160元

・婦幼天地・電腦編號 16

1. 八萬人減肥成果 黃靜香譯 180元
2. 三分鐘減肥體操 楊鴻儒譯 150元
3. 窈窕淑女美髮秘訣 柯素娥譯 130元
4. 使妳更迷人 成玉譯 130元
5. 女性的更年期 官舒妍編譯 160元
6. 胎內育兒法 李玉瓊編譯 150元
7. 早產兒袋鼠式護理 唐岱蘭譯 200元
8. 初次懷孕與生產 婦幼天地編譯組 180元
9. 初次育兒 12 個月 婦幼天地編譯組 180元
10. 斷乳食與幼兒食 婦幼天地編譯組 180元
11. 培養幼兒能力與性向 婦幼天地編譯組 180元
12. 培養幼兒創造力的玩具與遊戲 婦幼天地編譯組 180元
13. 幼兒的症狀與疾病 婦幼天地編譯組 180元
14. 腿部苗條健美法 婦幼天地編譯組 180元
15. 女性腰痛別忽視 婦幼天地編譯組 150元
16. 舒展身心體操術 李玉瓊編譯 130元
17. 三分鐘臉部體操 趙薇妮著 160元
18. 生動的笑容表情術 趙薇妮著 160元
19. 心曠神怡減肥法 川津祐介著 130元
20. 內衣使妳更美麗 陳玄茹譯 130元
21. 瑜伽美姿美容 黃靜香編著 180元
22. 高雅女性裝扮學 陳珮玲譯 180元
23. 蠶糞肌膚美顏法 坂梨秀子著 160元
24. 認識妳的身體 李玉瓊譯 160元
25. 產後恢復苗條體態 居理安・芙萊喬著 200元
26. 正確護髮美容法 山崎伊久江著 180元
27. 安琪拉美姿養生學 安琪拉蘭斯博瑞著 180元
28. 女體性醫學剖析 增田豐著 220元
29. 懷孕與生產剖析 岡部綾子著 180元
30. 斷奶後的健康育兒 東城百合子著 220元
31. 引出孩子幹勁的責罵藝術 多湖輝著 170元
32. 培養孩子獨立的藝術 多湖輝著 170元
33. 子宮肌瘤與卵巢囊腫 陳秀琳編著 180元
34. 下半身減肥法 納他夏・史達賓著 180元
35. 女性自然美容法 吳雅菁編著 180元
36. 再也不發胖 池園悅太郎著 170元

37. 生男生女控制術　中垣勝裕著　220 元
38. 使妳的肌膚更亮麗　楊　皓編著　170 元
39. 臉部輪廓變美　芝崎義夫著　180 元
40. 斑點、皺紋自己治療　高須克彌著　180 元
41. 面皰自己治療　伊藤雄康著　180 元
42. 隨心所欲瘦身冥想法　原久子著　180 元
43. 胎兒革命　鈴木丈織著　180 元
44. NS 磁氣平衡法塑造窈窕奇蹟　古屋和江著　180 元
45. 享瘦從腳開始　山田陽子著　180 元
46. 小改變瘦 4 公斤　宮本裕子著　180 元
47. 軟管減肥瘦身　高橋輝男著　180 元
48. 海藻精神秘美容法　劉名揚編著　180 元
49. 肌膚保養與脫毛　鈴木真理著　180 元
50. 10 天減肥 3 公斤　彤雲編輯組　180 元
51. 穿出自己的品味　西村玲子著　280 元

·青 春 天 地· 電腦編號 17

1. A 血型與星座　柯素娥編譯　160 元
2. B 血型與星座　柯素娥編譯　160 元
3. O 血型與星座　柯素娥編譯　160 元
4. AB 血型與星座　柯素娥編譯　120 元
5. 青春期性教室　呂貴嵐編譯　130 元
6. 事半功倍讀書法　王毅希編譯　150 元
7. 難解數學破題　宋釗宜編譯　130 元
9. 小論文寫作秘訣　林顯茂編譯　120 元
11. 中學生野外遊戲　熊谷康編著　120 元
12. 恐怖極短篇　柯素娥編譯　130 元
13. 恐怖夜話　小毛驢編譯　130 元
14. 恐怖幽默短篇　小毛驢編譯　120 元
15. 黑色幽默短篇　小毛驢編譯　120 元
16. 靈異怪談　小毛驢編譯　130 元
17. 錯覺遊戲　小毛驢編著　130 元
18. 整人遊戲　小毛驢編著　150 元
19. 有趣的超常識　柯素娥編譯　130 元
20. 哦！原來如此　林慶旺編譯　130 元
21. 趣味競賽 100 種　劉名揚編譯　120 元
22. 數學謎題入門　宋釗宜編譯　150 元
23. 數學謎題解析　宋釗宜編譯　150 元
24. 透視男女心理　林慶旺編譯　120 元
25. 少女情懷的自白　李桂蘭編譯　120 元
26. 由兄弟姊妹看命運　李玉瓊編譯　130 元
27. 趣味的科學魔術　林慶旺編譯　150 元
28. 趣味的心理實驗室　李燕玲編譯　150 元

29. 愛與性心理測驗 小毛驢編譯 130元
30. 刑案推理解謎 小毛驢編譯 130元
31. 偵探常識推理 小毛驢編譯 130元
32. 偵探常識解謎 小毛驢編譯 130元
33. 偵探推理遊戲 小毛驢編譯 130元
34. 趣味的超魔術 廖玉山編著 150元
35. 趣味的珍奇發明 柯素娥編著 150元
36. 登山用具與技巧 陳瑞菊編著 150元
37. 性的漫談 蘇燕謀編著 180元
38. 無的漫談 蘇燕謀編著 180元
39. 黑色漫談 蘇燕謀編著 180元
40. 白色漫談 蘇燕謀編著 180元

·健康天地· 電腦編號 18

1. 壓力的預防與治療 柯素娥編譯 130元
2. 超科學氣的魔力 柯素娥編譯 130元
3. 尿療法治病的神奇 中尾良一著 130元
4. 鐵證如山的尿療法奇蹟 廖玉山譯 120元
5. 一日斷食健康法 葉慈容編譯 150元
6. 胃部強健法 陳炳崑譯 120元
7. 癌症早期檢查法 廖松濤譯 160元
8. 老人痴呆症防止法 柯素娥編譯 130元
9. 松葉汁健康飲料 陳麗芬編譯 130元
10. 揉肚臍健康法 永井秋夫著 150元
11. 過勞死、猝死的預防 卓秀貞編譯 130元
12. 高血壓治療與飲食 藤山順豐著 150元
13. 老人看護指南 柯素娥編譯 150元
14. 美容外科淺談 楊啟宏著 150元
15. 美容外科新境界 楊啟宏著 150元
16. 鹽是天然的醫生 西英司郎著 140元
17. 年輕十歲不是夢 梁瑞麟譯 200元
18. 茶料理治百病 桑野和民著 180元
19. 綠茶治病寶典 桑野和民著 150元
20. 杜仲茶養顏減肥法 西田博著 150元
21. 蜂膠驚人療效 瀨長良三郎著 180元
22. 蜂膠治百病 瀨長良三郎著 180元
23. 醫藥與生活㈠ 鄭炳全著 180元
24. 鈣長生寶典 落合敏著 180元
25. 大蒜長生寶典 木下繁太郎著 160元
26. 居家自我健康檢查 石川恭三著 160元
27. 永恆的健康人生 李秀鈴譯 200元
28. 大豆卵磷脂長生寶典 劉雪卿譯 150元
29. 芳香療法 梁艾琳譯 160元

30. 醋長生寶典　柯素娥譯　180 元
31. 從星座透視健康　席拉・吉蒂斯著　180 元
32. 愉悅自在保健學　野本二士夫著　160 元
33. 裸睡健康法　丸山淳士等著　160 元
34. 糖尿病預防與治療　藤田順豐著　180 元
35. 維他命長生寶典　菅原明子著　180 元
36. 維他命 C 新效果　鐘文訓編　150 元
37. 手、腳病理按摩　堤芳朗著　160 元
38. AIDS 瞭解與預防　彼得塔歇爾著　180 元
39. 甲殼質殼聚糖健康法　沈永嘉譯　160 元
40. 神經痛預防與治療　木下真男著　160 元
41. 室內身體鍛鍊法　陳炳崑編著　160 元
42. 吃出健康藥膳　劉大器編著　180 元
43. 自我指壓術　蘇燕謀編著　160 元
44. 紅蘿蔔汁斷食療法　李玉瓊編著　150 元
45. 洗心術健康秘法　竺翠萍編譯　170 元
46. 枇杷葉健康療法　柯素娥編譯　180 元
47. 抗衰血癒　楊啟宏著　180 元
48. 與癌搏鬥記　逸見政孝著　180 元
49. 冬蟲夏草長生寶典　高橋義博著　170 元
50. 痔瘡・大腸疾病先端療法　宮島伸宜著　180 元
51. 膠布治癒頑固慢性病　加瀨建造著　180 元
52. 芝麻神奇健康法　小林貞作著　170 元
53. 香煙能防止癡呆？　高田明和著　180 元
54. 穀菜食治癌療法　佐藤成志著　180 元
55. 貼藥健康法　松原英多著　180 元
56. 克服癌症調和道呼吸法　帶津良一著　180 元
57. B 型肝炎預防與治療　野村喜重郎著　180 元
58. 青春永駐養生導引術　早島正雄著　180 元
59. 改變呼吸法創造健康　原久子著　180 元
60. 荷爾蒙平衡養生秘訣　出村博著　180 元
61. 水美肌健康法　井戶勝富著　170 元
62. 認識食物掌握健康　廖梅珠編著　170 元
63. 痛風劇痛消除法　鈴木吉彥著　180 元
64. 酸莖菌驚人療效　上田明彥著　180 元
65. 大豆卵磷脂治現代病　神津健一著　200 元
66. 時辰療法—危險時刻凌晨 4 時　呂建強等著　180 元
67. 自然治癒力提升法　帶津良一著　180 元
68. 巧妙的氣保健法　藤平墨子著　180 元
69. 治癒 C 型肝炎　熊田博光著　180 元
70. 肝臟病預防與治療　劉名揚編著　180 元
71. 腰痛平衡療法　荒井政信著　180 元
72. 根治多汗症、狐臭　稻葉益巳著　220 元
73. 40 歲以後的骨質疏鬆症　沈永嘉譯　180 元

74. 認識中藥　松下一成著　180 元
75. 認識氣的科學　佐佐木茂美著　180 元
76. 我戰勝了癌症　安田伸著　180 元
77. 斑點是身心的危險信號　中野進著　180 元
78. 艾波拉病毒大震撼　玉川重德著　180 元
79. 重新還我黑髮　桑名隆一郎著　180 元
80. 身體節律與健康　林博史著　180 元
81. 生薑治萬病　石原結實著　180 元
82. 靈芝治百病　陳瑞東著　180 元
83. 木炭驚人的威力　大槻彰著　200 元
84. 認識活性氧　井土貴司著　180 元
85. 深海鮫治百病　廖玉山編著　180 元
86. 神奇的蜂王乳　井上丹治著　180 元
87. 卡拉 OK 健腦法　東潔著　180 元
88. 卡拉 OK 健康法　福田伴男著　180 元
89. 醫藥與生活(二)　鄭炳全著　200 元
90. 洋蔥治百病　宮尾興平著　180 元
91. 年輕 10 歲快步健康法　石塚忠雄著　180 元
92. 石榴的驚人神效　岡本順子著　180 元
93. 飲料健康法　白鳥早奈英著　180 元
94. 健康棒體操　劉名揚編譯　180 元
95. 催眠健康法　蕭京凌編著　180 元

・實用女性學講座・電腦編號 19

1. 解讀女性內心世界　島田一男著　150 元
2. 塑造成熟的女性　島田一男著　150 元
3. 女性整體裝扮學　黃靜香編著　180 元
4. 女性應對禮儀　黃靜香編著　180 元
5. 女性婚前必修　小野十傳著　200 元
6. 徹底瞭解女人　田口二州著　180 元
7. 拆穿女性謊言 88 招　島田一男著　200 元
8. 解讀女人心　島田一男著　200 元
9. 俘獲女性絕招　志賀貢著　200 元
10. 愛情的壓力解套　中村理英子著　200 元
11. 妳是人見人愛的女孩　廖松濤編著　200 元

・校園系列・電腦編號 20

1. 讀書集中術　多湖輝著　150 元
2. 應考的訣竅　多湖輝著　150 元
3. 輕鬆讀書贏得聯考　多湖輝著　150 元
4. 讀書記憶秘訣　多湖輝著　150 元

5. 視力恢復！超速讀術　江錦雲譯　180 元
6. 讀書 36 計　黃柏松編著　180 元
7. 驚人的速讀術　鐘文訓編著　170 元
8. 學生課業輔導良方　多湖輝著　180 元
9. 超速讀超記憶法　廖松濤編著　180 元
10. 速算解題技巧　宋釗宜編著　200 元
11. 看圖學英文　陳炳崑編著　200 元
12. 讓孩子最喜歡數學　沈永嘉譯　180 元
13. 催眠記憶術　林碧清譯　180 元

・實用心理學講座・電腦編號 21

1. 拆穿欺騙伎倆　多湖輝著　140 元
2. 創造好構想　多湖輝著　140 元
3. 面對面心理術　多湖輝著　160 元
4. 偽裝心理術　多湖輝著　140 元
5. 透視人性弱點　多湖輝著　140 元
6. 自我表現術　多湖輝著　180 元
7. 不可思議的人性心理　多湖輝著　180 元
8. 催眠術入門　多湖輝著　150 元
9. 責罵部屬的藝術　多湖輝著　150 元
10. 精神力　多湖輝著　150 元
11. 厚黑說服術　多湖輝著　150 元
12. 集中力　多湖輝著　150 元
13. 構想力　多湖輝著　150 元
14. 深層心理術　多湖輝著　160 元
15. 深層語言術　多湖輝著　160 元
16. 深層說服術　多湖輝著　180 元
17. 掌握潛在心理　多湖輝著　160 元
18. 洞悉心理陷阱　多湖輝著　180 元
19. 解讀金錢心理　多湖輝著　180 元
20. 拆穿語言圈套　多湖輝著　180 元
21. 語言的內心玄機　多湖輝著　180 元
22. 積極力　多湖輝著　180 元

・超現實心理講座・電腦編號 22

1. 超意識覺醒法　詹蔚芬編譯　130 元
2. 護摩秘法與人生　劉名揚編譯　130 元
3. 秘法！超級仙術入門　陸明譯　150 元
4. 給地球人的訊息　柯素娥編著　150 元
5. 密教的神通力　劉名揚編著　130 元
6. 神秘奇妙的世界　平川陽一著　200 元

7. 地球文明的超革命 吳秋嬌譯 200元
8. 力量石的秘密 吳秋嬌譯 180元
9. 超能力的靈異世界 馬小莉譯 200元
10. 逃離地球毀滅的命運 吳秋嬌譯 200元
11. 宇宙與地球終結之謎 南山宏著 200元
12. 驚世奇功揭秘 傅起鳳著 200元
13. 啟發身心潛力心象訓練法 栗田昌裕著 180元
14. 仙道術遁甲法 高藤聰一郎著 220元
15. 神通力的秘密 中岡俊哉著 180元
16. 仙人成仙術 高藤聰一郎著 200元
17. 仙道符咒氣功法 高藤聰一郎著 220元
18. 仙道風水術尋龍法 高藤聰一郎著 200元
19. 仙道奇蹟超幻像 高藤聰一郎著 200元
20. 仙道鍊金術房中法 高藤聰一郎著 200元
21. 奇蹟超醫療治癒難病 深野一幸著 220元
22. 揭開月球的神秘力量 超科學研究會 180元
23. 西藏密教奧義 高藤聰一郎著 250元
24. 改變你的夢術入門 高藤聰一郎著 250元

・養 生 保 健・電腦編號 23

1. 醫療養生氣功 黃孝寬著 250元
2. 中國氣功圖譜 余功保著 230元
3. 少林醫療氣功精粹 井玉蘭著 250元
4. 龍形實用氣功 吳大才等著 220元
5. 魚戲增視強身氣功 宮 嬰著 220元
6. 嚴新氣功 前新培金著 250元
7. 道家玄牝氣功 張 章著 200元
8. 仙家秘傳袪病功 李遠國著 160元
9. 少林十大健身功 秦慶豐著 180元
10. 中國自控氣功 張明武著 250元
11. 醫療防癌氣功 黃孝寬著 250元
12. 醫療強身氣功 黃孝寬著 250元
13. 醫療點穴氣功 黃孝寬著 250元
14. 中國八卦如意功 趙維漢著 180元
15. 正宗馬禮堂養氣功 馬禮堂著 420元
16. 秘傳道家筋經內丹功 王慶餘著 280元
17. 三元開慧功 辛桂林著 250元
18. 防癌治癌新氣功 郭 林著 180元
19. 禪定與佛家氣功修煉 劉天君著 200元
20. 顛倒之術 梅自強著 360元
21. 簡明氣功辭典 吳家駿編 360元
22. 八卦三合功 張全亮著 230元
23. 朱砂掌健身養生功 楊永著 250元

24. 抗老功	陳九鶴著	230 元
25. 意氣按穴排濁自療法	黃啟運編著	250 元
26. 陳式太極拳養生功	陳正雷著	200 元
27. 健身祛病小功法	王培生著	200 元

・社會人智囊・ 電腦編號 24

1. 糾紛談判術	清水增三著	160 元
2. 創造關鍵術	淺野八郎著	150 元
3. 觀人術	淺野八郎著	180 元
4. 應急詭辯術	廖英迪編著	160 元
5. 天才家學習術	木原武一著	160 元
6. 貓型狗式鑑人術	淺野八郎著	180 元
7. 逆轉運掌握術	淺野八郎著	180 元
8. 人際圓融術	澀谷昌三著	160 元
9. 解讀人心術	淺野八郎著	180 元
10. 與上司水乳交融術	秋元隆司著	180 元
11. 男女心態定律	小田晉著	180 元
12. 幽默說話術	林振輝編著	200 元
13. 人能信賴幾分	淺野八郎著	180 元
14. 我一定能成功	李玉瓊譯	180 元
15. 獻給青年的嘉言	陳蒼杰譯	180 元
16. 知人、知面、知其心	林振輝編著	180 元
17. 塑造堅強的個性	坂上肇著	180 元
18. 為自己而活	佐藤綾子著	180 元
19. 未來十年與愉快生活有約	船井幸雄著	180 元
20. 超級銷售話術	杜秀卿譯	180 元
21. 感性培育術	黃靜香編著	180 元
22. 公司新鮮人的禮儀規範	蔡媛惠譯	180 元
23. 傑出職員鍛鍊術	佐佐木正著	180 元
24. 面談獲勝戰略	李芳黛譯	180 元
25. 金玉良言撼人心	森純大著	180 元
26. 男女幽默趣典	劉華亭編著	180 元
27. 機智說話術	劉華亭編著	180 元
28. 心理諮商室	柯素娥譯	180 元
29. 如何在公司崢嶸頭角	佐佐木正著	180 元
30. 機智應對術	李玉瓊編著	200 元
31. 克服低潮良方	坂野雄二著	180 元
32. 智慧型說話技巧	沈永嘉編著	180 元
33. 記憶力、集中力增進術	廖松濤編著	180 元
34. 女職員培育術	林慶旺編著	180 元
35. 自我介紹與社交禮儀	柯素娥編著	180 元
36. 積極生活創幸福	田中真澄著	180 元
37. 妙點子超構想	多湖輝著	180 元

38. 說 NO 的技巧　廖玉山編著　180 元
39. 一流說服力　李玉瓊編著　180 元
40. 般若心經成功哲學　陳鴻蘭編著　180 元
41. 訪問推銷術　黃靜香編著　180 元
42. 男性成功秘訣　陳蒼杰編著　180 元
43. 笑容、人際智商　宮川澄子著　180 元
44. 多湖輝的構想工作室　多湖輝著　200 元
45. 名人名語啟示錄　喬家楓著　180 元

・精 選 系 列・電腦編號 25

1. 毛澤東與鄧小平　渡邊利夫等著　280 元
2. 中國大崩裂　江戶介雄著　180 元
3. 台灣・亞洲奇蹟　上村幸治著　220 元
4. 7-ELEVEN 高盈收策略　國友隆一著　180 元
5. 台灣獨立（新・中國日本戰爭一）　森詠著　200 元
6. 迷失中國的末路　江戶雄介著　220 元
7. 2000 年 5 月全世界毀滅　紫藤甲子男著　180 元
8. 失去鄧小平的中國　小島朋之著　220 元
9. 世界史爭議性異人傳　桐生操著　200 元
10. 淨化心靈享人生　松濤弘道著　220 元
11. 人生心情診斷　賴藤和寬著　220 元
12. 中美大決戰　檜山良昭著　220 元
13. 黃昏帝國美國　莊雯琳譯　220 元
14. 兩岸衝突（新・中國日本戰爭二）　森詠著　220 元
15. 封鎖台灣（新・中國日本戰爭三）　森詠著　220 元
16. 中國分裂（新・中國日本戰爭四）　森詠著　220 元
17. 由女變男的我　虎井正衛著　200 元
18. 佛學的安心立命　松濤弘道著　220 元
19. 世界喪禮大觀　松濤弘道著　280 元

・運 動 遊 戲・電腦編號 26

1. 雙人運動　李玉瓊譯　160 元
2. 愉快的跳繩運動　廖玉山譯　180 元
3. 運動會項目精選　王佑京譯　150 元
4. 肋木運動　廖玉山譯　150 元
5. 測力運動　王佑宗譯　150 元
6. 游泳入門　唐桂萍編著　200 元

・休 閒 娛 樂・電腦編號 27

1. 海水魚飼養法　田中智浩著　300 元

2. 金魚飼養法 曾雪玫譯 250 元
3. 熱門海水魚 毛利匡明著 480 元
4. 愛犬的教養與訓練 池田好雄著 250 元
5. 狗教養與疾病 杉浦哲著 220 元
6. 小動物養育技巧 三上昇著 300 元
20. 園藝植物管理 船越亮二著 220 元

・銀髮族智慧學・電腦編號 28

1. 銀髮六十樂逍遙 多湖輝著 170 元
2. 人生六十反年輕 多湖輝著 170 元
3. 六十歲的決斷 多湖輝著 170 元
4. 銀髮族健身指南 孫瑞台編著 250 元

・飲 食 保 健・電腦編號 29

1. 自己製作健康茶 大海淳著 220 元
2. 好吃、具藥效茶料理 德永睦子著 220 元
3. 改善慢性病健康藥草茶 吳秋嬌譯 200 元
4. 藥酒與健康果菜汁 成玉編著 250 元
5. 家庭保健養生湯 馬汴梁編著 220 元
6. 降低膽固醇的飲食 早川和志著 200 元
7. 女性癌症的飲食 女子營養大學 280 元
8. 痛風者的飲食 女子營養大學 280 元
9. 貧血者的飲食 女子營養大學 280 元
10. 高脂血症者的飲食 女子營養大學 280 元
11. 男性癌症的飲食 女子營養大學 280 元
12. 過敏者的飲食 女子營養大學 280 元
13. 心臟病的飲食 女子營養大學 280 元
14. 滋陰壯陽的飲食 王增著 220 元

・家庭醫學保健・電腦編號 30

1. 女性醫學大全 雨森良彥著 380 元
2. 初為人父育兒寶典 小瀧周曹著 220 元
3. 性活力強健法 相建華著 220 元
4. 30 歲以上的懷孕與生產 李芳黛編著 220 元
5. 舒適的女性更年期 野末悅子著 200 元
6. 夫妻前戲的技巧 笠井寬司著 200 元
7. 病理足穴按摩 金慧明著 220 元
8. 爸爸的更年期 河野孝旺著 200 元
9. 橡皮帶健康法 山田晶著 180 元
10. 三十三天健美減肥 相建華等著 180 元

11. 男性健美入門	孫玉祿編著	180 元
12. 強化肝臟秘訣	主婦の友社編	200 元
13. 了解藥物副作用	張果馨譯	200 元
14. 女性醫學小百科	松山榮吉著	200 元
15. 左轉健康法	龜田修等著	200 元
16. 實用天然藥物	鄭炳全編著	260 元
17. 神秘無痛平衡療法	林宗駛著	180 元
18. 膝蓋健康法	張果馨譯	180 元
19. 針灸治百病	葛書翰著	250 元
20. 異位性皮膚炎治癒法	吳秋嬌譯	220 元
21. 禿髮白髮預防與治療	陳炳崑編著	180 元
22. 埃及皇宮菜健康法	飯森薰著	200 元
23. 肝臟病安心治療	上野幸久著	220 元
24. 耳穴治百病	陳抗美等著	250 元
25. 高效果指壓法	五十嵐康彥著	200 元
26. 瘦水、胖水	鈴木園子著	200 元
27. 手針新療法	朱振華著	200 元
28. 香港腳預防與治療	劉小惠譯	200 元
29. 智慧飲食吃出健康	柯富陽編著	200 元
30. 牙齒保健法	廖玉山編著	200 元
31. 恢復元氣養生食	張果馨譯	200 元
32. 特效推拿按摩術	李玉田著	200 元
33. 一週一次健康法	若狹真著	200 元
34. 家常科學膳食	大塚滋著	220 元
35. 夫妻們關心的男性不孕	原利夫著	220 元
36. 自我瘦身美容	馬野詠子著	200 元
37. 魔法姿勢益健康	五十嵐康彥著	200 元
38. 眼病錘療法	馬栩周著	200 元
39. 預防骨質疏鬆症	藤田拓男著	200 元
40. 骨質增生效驗方	李吉茂編著	250 元
41. 蕺菜健康法	小林正夫著	200 元
42. 赧於啟齒的男性煩惱	增田豐著	220 元
43. 簡易自我健康檢查	稻葉允著	250 元
44. 實用花草健康法	友田純子著	200 元
45. 神奇的手掌療法	日比野喬著	230 元
46. 家庭式三大穴道療法	刑部忠和著	200 元
47. 子宮癌、卵巢癌	岡島弘幸著	220 元
48. 糖尿病機能性食品	劉雪卿編著	220 元
49. 奇蹟活現經脈美容法	林振輝編譯	200 元
50. Super SEX	秋好憲一著	220 元
51. 了解避孕丸	林玉佩譯	200 元

・超經營新智慧・電腦編號 31

1.	躍動的國家越南	林雅倩譯	250 元
2.	甦醒的小龍菲律賓	林雅倩譯	220 元
3.	中國的危機與商機	中江要介著	250 元
4.	在印度的成功智慧	山內利男著	220 元
5.	7-ELEVEN 大革命	村上豐道著	200 元
6.	業務員成功秘方	呂育清編著	200 元

・心靈雅集・電腦編號 00

1.	禪言佛語看人生	松濤弘道著	180 元
2.	禪密教的奧秘	葉逯謙譯	120 元
3.	觀音大法力	田口日勝著	120 元
4.	觀音法力的大功德	田口日勝著	120 元
5.	達摩禪 106 智慧	劉華亭編譯	220 元
6.	有趣的佛教研究	葉逯謙編譯	170 元
7.	夢的開運法	蕭京凌譯	130 元
8.	禪學智慧	柯素娥編譯	130 元
9.	女性佛教入門	許俐萍譯	110 元
10.	佛像小百科	心靈雅集編譯組	130 元
11.	佛教小百科趣談	心靈雅集編譯組	120 元
12.	佛教小百科漫談	心靈雅集編譯組	150 元
13.	佛教知識小百科	心靈雅集編譯組	150 元
14.	佛學名言智慧	松濤弘道著	220 元
15.	釋迦名言智慧	松濤弘道著	220 元
16.	活人禪	平田精耕著	120 元
17.	坐禪入門	柯素娥編譯	150 元
18.	現代禪悟	柯素娥編譯	130 元
19.	道元禪師語錄	心靈雅集編譯組	130 元
20.	佛學經典指南	心靈雅集編譯組	130 元
21.	何謂「生」阿含經	心靈雅集編譯組	150 元
22.	一切皆空　般若心經	心靈雅集編譯組	180 元
23.	超越迷惘　法句經	心靈雅集編譯組	130 元
24.	開拓宇宙觀　華嚴經	心靈雅集編譯組	180 元
25.	真實之道　法華經	心靈雅集編譯組	130 元
26.	自由自在　涅槃經	心靈雅集編譯組	130 元
27.	沈默的教示　維摩經	心靈雅集編譯組	150 元
28.	開通心眼　佛語佛戒	心靈雅集編譯組	130 元
29.	揭秘寶庫　密教經典	心靈雅集編譯組	180 元
30.	坐禪與養生	廖松濤譯	110 元
31.	釋尊十戒	柯素娥編譯	120 元
32.	佛法與神通	劉欣如編著	120 元

國家圖書館出版品預行編目資料

多湖輝的構想工作室／多湖輝著，沈永嘉譯
－初版－臺北市，大展，民 87
面；21 公分－（社會人智囊；44）
譯自：多湖輝の發想工房
ISBN 957-557-870-8（平裝）
1. 創造心理學　2. 思考
176.4　　87011979

原書名：多湖輝の發想工房
原著作者：©Akira Tago 1996
原出版者：株式會社　ごま書房
版權仲介：宏儒企業有限公司

多湖輝的構想工作室　ISBN 957-557-870-8

原著者／多湖　輝
編譯者／沈　永　嘉
發行人／蔡　森　明
出版者／大展出版社有限公司
社　址／台北市北投區（石牌）致遠一路 2 段 12 巷 1 號
電　話／(02) 28236031・28236033
傳　真／(02) 28272069
郵政劃撥／0166955—1
登記證／局版臺業字第 2171 號
承印者／國順圖書印刷公司
裝　訂／嶸興裝訂有限公司
排版者／千兵企業有限公司
電　話／(02) 28812643
初版 1 刷／1998 年（民 87 年）11 月

定　價／200 元

大展好書 好書大展